汉语核心课程系列教材

北京师范大学"十四五"期间高等教育领域教材第二期建设重大项目

Understanding Chinese for
Intermediate-Advanced Learners:
Listening and Speaking

理解 汉语

——中高级听说

主　编　朱志平　刘兰民
编　者　杨　泉　汝淑媛
翻　译　汪珍珠

北京师范大学出版集团
BEIJING NORMAL UNIVERSITY PUBLISHING GROUP
北京师范大学出版社

图书在版编目（CIP）数据

理解汉语：中高级听说/朱志平，刘兰民主编. —
北京：北京师范大学出版社，2025.4
汉语核心课程系列教材
ISBN 978-7-303-28480-1

Ⅰ. ①理… Ⅱ. ①朱… ②刘… Ⅲ. ①汉语—听说教
学—高等学校—教材 Ⅳ. ①H193.2

中国版本图书馆CIP数据核字（2022）第242346号

LIJIE HANYU——ZHONGGAOJI TINGSHUO

出版发行：北京师范大学出版社 https://www.bnupg.com
　　　　　北京市西城区新街口外大街12−3号
　　　　　邮政编码：100088
印　　刷：北京虎彩文化传播有限公司
经　　销：全国新华书店
开　　本：787 mm × 1092 mm　1/16
印　　张：11.25
字　　数：200 千字
版　　次：2025 年 4 月第 1 版
印　　次：2025 年 4 月第 1 次印刷
定　　价：68.00 元

策划编辑：周劲含　　　　　　责任编辑：吴梦冉
美术编辑：李向昕　　　　　　装帧设计：锋尚设计
责任校对：陈　民　　　　　　责任印制：马　洁

"汉语核心课程系列教材"编写说明

　　《走近汉语》《实践汉语》《理解汉语》《感悟汉语》是为短期来华留学的外国学生编写的一套汉语第二语言教材。它们分别覆盖了从零开始的初、中、中高、高四个阶段，分别有读写本和听说本各一册，全套教材共八册，遵循读写先行、听说跟上的基本原则，涵盖常用汉语词汇及语言点。其中，《走近汉语》《实践汉语》《感悟汉语》出版于 2009 年，并于 2012 年获评为"十二五"普通高等教育本科国家级规划教材。《理解汉语》在 2023 年受到了北京师范大学"十四五"高等教育教材重大项目的资助，是前三部教材成果的进一步延伸。

1. 这套教材编写的基础

　　在编写这套教材之前，编者对近十年来所出版的 548 种汉语第二语言教材进行了粗略的统计调查，并对其中的 23 部总约 80 册教材进行了深入细致的考察分析，在此基础上确定了本教材的编写方案。同时，编者还对近 300 名不同水平阶段的在华留学生进行了课文话题选择和排序的问卷调查（收回有效问卷 239 份），以确定本教材的内容、所采用的话题及其顺序。该教材的语言点和词汇选择范围主要控制在《高等学校外国留学生汉语教学大纲》（长期进修）之内，并依据北京师范大学汉语文化学院科研项目"话题与句型基础研究"的成果进行了重新整合。另外，该教材在初稿完成后在北京师范大学暑期来华留学的 130 余名美国学生中进行了试用，并根据试用反馈进行了修改。

2. 这套教材的编写目的和适用对象

　　近年来世界各国不少大学的学生多利用寒暑假通过校际交流到中国的大学学习汉语，并通过这段时间的学习获得相应的本大学的汉语课程学分。该教材的编者把这类学生作为这套教材的主要读者群体。因此，这套教材所设计的初、中、中高、高四个水平分别相当于各国大学公共汉语课程 1—4 年级水平。每一个水平档的听说本和读写本可供 160—180 小时的汉语课程使用。这个设计也使得该教材在课时和内容上跟大学汉语课程衔接，可以同时适用于海外各国的大学公共汉语课程。此外，由于这套教材的主要目的是短期教学，较为注重汉语日常交际能力的培养，课文采用了话题与功能结合的方式，各类话题及功能相对独立，有利于教师根据需要将课本切分成几个部分，从中选择教学内容，所以它也适用于海外孔子学院所开设的针对当地社会人员的汉语课程。

3．这套教材的教学目标

这套教材的教学目标是在重视口语交际能力基础上的汉语综合能力培养。因此，其教材结构在系列化的基础上采用了读写与听说相配套的方式，并根据不同水平阶段各有侧重，改变了以往听、说、读、写分立或合而为一的传统结构模式。在初级阶段注重"说领先"，便于学习者从口语句型入门，然后在具有一定听说能力的基础上认字、阅读并写字、写作；进入中级阶段以后，则强调"读写领先"，让学习者在阅读了一些与某话题相关的语料以后再进入讨论，使之在较多相关词汇和背景知识的基础上练习听说，有利于学习者扩大知识面，迅速提高汉语表达能力。

4．这套教材的框架设计和版面设计

这套教材的教学理念是让学习者通过实践获得目的语语言能力，因此，它的框架设计采用了目标导入、任务导出的方式。每个单元、每一课都设有"导入"，把学习者带进即将学习的内容。

在版面设计方面，这套教材吸收了当前一些教材的优点：目录采用了"列表式目录"，将每一课的内容尽行列入目录表格，使教师和学习者都一目了然；注释由传统的"文后注"改为"文边注"，方便教师和学习者在课堂上共同关注某一个语言点；"目标导入"配以插图，在增加趣味性的同时，也提升引导作用。另外，由于该教材还未及编写教师参考书，每册教材分别设计了"教学建议"，以帮助教师备课。

这套教材的内容设计依水平阶段的不同而有所不同，这也是初、中、中高、高四个水平层次采用了四个名称的主要原因，下面将分册介绍。总而言之，该教材的特色是，读写与听说相配套，突出两种不同教学模式的特点，适应短期教学的需要。课文选文规范，内容丰富、生动、有趣，具有较强的话题性；语言点解释简洁明了，与课文配合较为自然，以适应自然条件下语言交际能力的培养目标；练习设计在紧扣重点词语和语言点的同时，突出任务型教学的特点。

该教材的设计理念可以借用"短、平、快"这句体育用语来概括。"短"主要体现在课文短小精悍，语法点解释简明扼要，适用于短期汉语教学；"平"主要体现在其通用性上，在话题选择和内容安排上淡化时效性和地域性，以适用于不同地区、不同母语者的汉语教学；"快"体现为通过本教材的教学，能够迅速提高汉语水平，使学习者能够很快适应在汉语环境下的日常生活和日常交际的需要。

《理解汉语——中高级听说》的内容设计和教学建议

　　《理解汉语》内容设计的特点是依据话题选文，关注学生感兴趣的话题，文章可读性强。《理解汉语——中高级听说》共 8 个单元，32 课。

　　本教材由朱志平、刘兰民主编，杨泉、汝淑媛执笔编写，根据"准高级水平读写领先"的编写原则，《理解汉语——中高级听说》所涉及的话题与《理解汉语——中高级读写》密切相关，在若干话题下又分设子话题，引导学生拓宽话题的广度。根据学生中高级阶段的学习特点，同时也为学生提供充分表达与交际练习的机会，本教材一般没有专门的语言点，生词与"读写本"具有一定的相关性，强化听说，尽量减少生词给口语练习带来的负担。在话题选择上，分别涉及饮食、情感、人性、风俗、教育、语言、德行、经济和法律等方面，引导学生思考问题，在听说层面达到更高水平。

　　使用本教材请关注以下几点建议：

　　（1）每 90—100 分钟学习一课。

　　（2）教学过程将听与说相结合。

　　教学从"热身"导入话题，从听力材料入手，引导学生进行口语交际。每课都配有听力材料，教师可根据教学需要适当选择。可在学习课文前完成听力练习，也可在学习课文过程中穿插进行。

　　（3）生词的讲解要适度。

　　本教材的部分生词为"读写本"的复现，在教学中需掌握好尺度，既不要用过多时间来讲解其意义用法，也不要完全不加处理，以免影响学生的理解与运用。

　　（4）教学过程中重点关注话题讨论。

　　课文中每段对话下面提供了几个问题，考察学生对课文内容的理解，同时希望学生能够用自己的语言给出相关评价，并引导学生进行相关话题的讨论。

　　（5）关于练习的选用。

　　本教材的练习主要由三部分组成。课后练习一为综合讨论题，在学习完课文后引导学生进行自由讨论，应重点处理。本练习中提供了大量话题供参考，在教学中建议根据学生特点有选择地进行讨论。第二、第三、第四题为表演、辩论、游戏等课上交际活动，内容与课文话题相关，学生的语言表达应适应一定情境。第五题是课下交际练习，可作为作业由学生课下完成，下次上课时向大家报告。

Teaching guide

Understanding Chinese for Intermediate-Advanced Learners selects appropriate texts on various topics which students are interested in. It consists of two textbooks- *Understanding Chinese for Intermediate-Advanced Learners: Listening and Speaking* and *Understanding Chinese for Intermediate-Advanced Learners: Reading and Writing*.

Understanding Chinese for Intermediate-Advanced Learners: Listening and Speaking is co-edited by Zhu Zhiping and Liu Lanmin, with Yang Quan and Ru Shuyuan as the writers. It is divided into 32 lessons, with 8 units. Based on the principle that the practices of reading and writing is more important than listening and speaking for the intermediate-advanced learners, it selects topics which are similar with those of *Understanding Chinese for Intermediate-Advanced Learners: Reading and Writing*, and tends to lead students to carry out communicative tasks and express their opinions on the selected topics. In general, the book does not focus on language points, but stresses students' listening and speaking practices. Topics of this textbook covers diet, emotion, human nature, custom, education, language, morality, economy and law, etc.

The specific teaching advice is as follows:

(1) It takes about 90-100 minutes for each Lesson.

(2) Listening and speaking should be integrated into the teaching process. For each Lesson, it is better to begin with "lead-in activities" , and the teacher may select and use the given listening materials either before or in the process of text-learning.

(3) The teacher should allocate proper amount of time for vocabulary teaching. It is suggested neither to spend too much time explaining the new words, nor to ignore them completely.

(4) The discussion activities on the given topics are the key part of every class.

In each lesson, every dialogue is followed by some questions to check students' comprehension and to guide their discussion.

(5) The exercises in each lesson consist of three parts. Exercise 1, the key part, is designed for free discussion after having learned the text. A number of relevant topics are provided in this part and the teacher may use them selectively according to students' needs and interests. Exercise 2,3,4 are in-class communicative tasks, such as role play, debate or game. The content is related to the topic of the text, and students are required to put their language into proper contexts. Exercise 5 is after-class communicative task which can be assigned as homework which may be shown to the class in the following lessons.

| 目录 |
CONTENTS

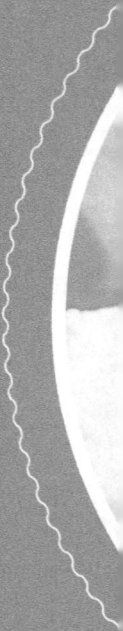

Unit 1

第一单元

饮食

第一课　各国餐饮特色

听力

（一）

1 问：他喜欢吃什么菜？（　　）

A 日本菜

B 泰国菜

C 意大利菜

2 问：泰国菜有什么特点？（　　）

A 清淡

B 又酸又辣

C 原汁原味

（二）

1 问：英国人什么时候喝酒？（　　）

A 昨天

B 今天

C 所有时间

2 问：俄罗斯人喜欢喝什么酒？（　　）

A 伏特加

B 红酒

C 啤酒

3 问：法国人吃肉时喝什么酒？（　　）

A 白葡萄酒

B 红葡萄酒

C 葡萄酒

4 问：在德国女人爱喝什么酒？（　　）

A 啤酒

B 白啤酒

C 黑啤酒

生　词

fú tè jiā
伏特加　　　vodka

（一）几个学生在风味餐厅吃饭

A：服务员，我要一份寿司。

B：看来你喜欢吃日本菜？

A：对，我喜欢吃清淡的菜。你们呢？

B：我不爱吃日本菜，我喜欢又酸又辣的味道，我要一份酸辣海鲜汤。

C：我爱吃清淡的菜，但我更爱吃原汁原味的菜，我要一份意大利面、一份牛排，再要一份沙拉。

生　词	
shòu　sī 寿　司	sushi
hǎi　xiān 海　鲜	seafood
yuán zhī yuán wèi 原 汁 原 味	original taste and flavour
niú　pái 牛　排	steak

讨论

1. 你最喜欢哪个国家的菜？它的特点是什么？

2. 你喜欢吃中国菜吗？你最喜欢吃的中国菜是什么？为什么？

3. 中国菜有什么特点？

4. 你最喜欢的你自己国家的菜是什么？你会做吗？

5. 你自己国家的菜有什么特点？

（二）几个公司职员下班后在酒吧里聊天

A：我喜欢喝酒，你呢？

B：我也喜欢喝酒，你喜欢喝什么酒？

A：我喜欢喝啤酒，我喝过各种各样的啤酒：白啤酒、黄啤酒，还有黑啤酒。

B：我不喜欢啤酒，我喜欢伏特加，特别是天气冷的时候，喝伏特加非常舒服。

C：我喜欢啤酒，也喜欢伏特加，但我更喜欢葡萄酒。因为喝葡萄酒对身体有好处。

📝 讨论

> 1. 在你们国家人们吃饭时喜欢喝酒吗？喝什么酒？为什么？
>
> 2. 在你们国家，人们吃饭时除了酒还喝什么别的饮料吗？
>
> 3. 在你们国家，人们吃饭时有什么习惯？为什么会有这样的习惯？

（三）几个同学在房间里吃午饭

A：走吧，去餐厅吃饭去！

B：餐厅中午人太多了，我们还是在房间里吃方便面吧。

A：方便面有什么好吃的？

B：我在方便面里加牛奶，味道非常好，你要不要尝一尝？

A：好啊，我在西瓜里加牛奶，味道应该也不错。

📝 讨论

> 1. 你吃过的最奇怪的东西是什么？你喜欢吗？为什么？
>
> 2. 你见过的最奇怪的吃法是什么？你喜欢吗？为什么？
>
> 3. 你喝过的最奇怪的饮料是什么？怎么做的？

练习

一、根据自己的情况回答下面的问题

1 你们国家的菜有什么特点？

2 在你们国家人们最喜欢哪类菜？

3 你最喜欢什么口味的菜？为什么？

4 你最喜欢的零食是什么？为什么？

5 现在最流行的零食是什么？

二、3—4 人一组，完成表演

1　老师准备或让学生自己制作一些菜的图片，背面写上菜的名字。

2　几个同学去饭店点菜，每个同学点自己的菜并且说出为什么点这个菜。

3　让同学们尽量用上本课生词。

4　先分小组练习，准备好以后给全班同学表演。

三、全班讨论

内容：不同国家的餐饮特点。

要求：　1　运用本课生词。

2　每个同学都要发言。

3　前一个发言的同学可以指定下一个发言的同学。

四、游戏：悄悄话

1　老师准备一些与课文相关的句子（内容最好与本课话题相关）。

2　将学生分成几组，对每个组第一个同学说出自己的句子，但不要让别人听见，然后依次悄悄传递，直到最后一个同学说出句子。

3　老师公布答案，最接近各自原话的队伍获胜。

五、交际活动

去饭店点一个你喜欢的菜，吃之前拍照，并问问服务员这道菜的做法和特点等。回家后做成PPT，上课时给同学们介绍一下。

第二课　饮食与健康

（一）

1 问：馅儿饼的馅儿在哪儿？（　　）

　　A 里面

　　B 外面

　　C 不知道

2 问：比萨饼的馅儿在哪儿？（　　）

　　A 里面

　　B 外面

　　C 不知道

生　词	
xiànr bǐng 馅儿 饼	pasty, chinese meat pie
bǐ sà bǐng 比 萨 饼	pizza

（二）

问：中国人怎么说别人菜做得好？

　　　　　　　　　　　　（　　）

　　A 好像饭店的菜

　　B 食品广告里的菜

　　C 就像家里做的一样

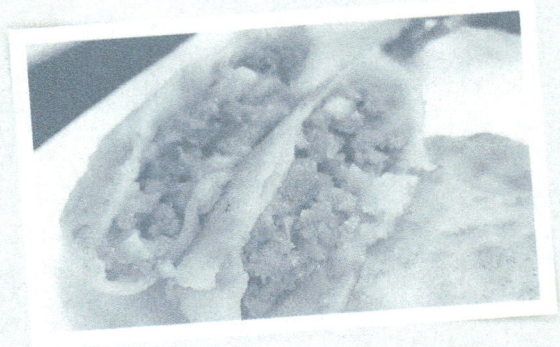

会话

（一）快吃饭了

A：今天吃什么？

B：豆浆、油条怎么样？

A：又是豆浆、油条啊？

B：你不喜欢吗？

A：油炸的东西不健康，我想去吃汉堡包。

B：豆浆和油条是健康的食品，汉堡包才不健康，脂肪和糖太多。

C：你们说的都有道理，我们再看看有没有其他选择吧！

📝 讨论

1. 你每天的早餐吃什么？你觉得健康吗？
2. 你认为什么样的饮食习惯对身体好？

（二）几个朋友讨论晚上去哪儿吃饭

A：我们去吃西餐吧！西餐厅不仅环境好，食物也精致。

B：中餐也不错啊！大家吃同一个盘子里的菜，多热闹！

A：我还是觉得西餐好，每人一个盘子，自己吃自己的，非常干净。

C：去饭店吃饭没有在家里干净，所以今晚还是我给大家做吧。

📝 讨论

1. 吃中餐和吃西餐有什么不同的特点？
2. 吃中餐和吃西餐有什么共同的特点？
3. 你喜欢吃中餐还是西餐？为什么？

（三）中国房客在美国房东家里做完晚饭

房东：我想我的房子不能再租给你了。

房客：为什么？我才住了一个星期！

房东：因为你来了以后我的厨房很不干净，有很大的烟味，还有很多油。

生 词	
yān wèi 烟味	cigratte smell, smoky smell

房客：可是我做的饭很好吃，这是我今天做的晚饭，你可以尝一尝。

房东：味道确实不错，如果每天我都能吃到你做的饭，我可以再考虑你租房子的问题！

讨论

1. 中国人做饭有什么特点？和你们国家的人做饭方式一样吗？

2. 你能接受一个中国人的做饭方式吗？

3. 你见过最特别的做饭方式是怎样的？

练习

一、根据自己的情况回答下面的问题

1 你认为健康的饮食应该是什么样的？

2 你们国家的饮食属于哪一种模式？有什么特点？

3 在你们国家人们喜欢在家做饭吃还是去饭店吃？为什么？

4 在你们国家，人们的口味有什么特点？和中国人的口味一样吗？

5 有没有一道你最吃不习惯的中国菜？为什么？

6 有些中国菜里有中药材，你能接受吗？为什么？

二、3—4 人一组，完成表演

1 每个同学制作一道菜的图片，背面写上菜的名字。

2 将图片分成中餐和西餐两类，在班里准备一个中餐馆和一个西餐馆。每个小组根

据自己小组的喜好商量去中餐馆吃饭还是去西餐馆吃饭。

3 小组成员进餐馆点菜吃饭，每个同学说出自己为什么点这个菜，并且与同学讨论吃这些菜时需要注意什么。

4 先进行小组练习，准备好以后给全班同学表演。

三、全班讨论

内容：中餐和西餐的不同。

要求： 1 运用本课生词。

2 每个同学都要发言。

3 观点相似的同学可以坐在一组，共同讨论中餐和西餐的特点。

四、游戏：飞行棋

1 老师准备课文中出现的词语和句子的卡片，贴在黑板上，中间还可以加入"跳一步"或者"休息"这样的词卡。准备大骰子一枚，扔骰子看点数前进，前进后必须正确读出遇到的卡片上的词语或者句子，否则就必须返回。

2 学生分成几组，每个组分别派代表来玩这个游戏，其他同学可以帮助本组的代表，最先到达终点的小组获胜。

五、交际活动

在家做一个自己国家的特色菜，做的过程可以拍照、录像，并将它的做法、特点做成 PPT，上课时介绍给同学们，特色菜也可以带来给同学们品尝。

第三课　各国饮食禁忌

问：刚生完孩子的女人不能干什么？（　　　）

　　A 听音乐

　　B 吃冰激凌

　　C 喝热水

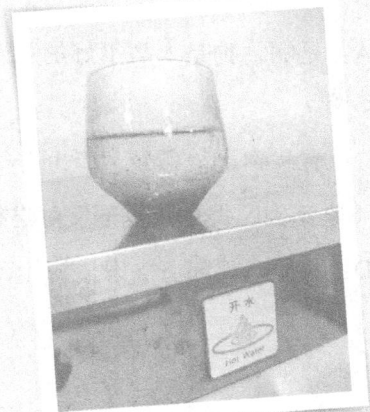

会话

（一）应不应该吃肉

A：吃肉不健康，肉里的脂肪太多，吃肉可能会得很多病。

B：可是肉里的脂肪是人身体需要的营养。

A：吃肉还很不环保。

B：可是动物也是大自然的一部分，如果人类不吃，其他动物也会吃掉它们。

📝 讨论

---

1. 你喜欢素食吗？你喜欢的素食是什么？

2. 你喜欢吃肉吗？你喜欢吃什么肉？

3. 素食对身体有什么好处？肉食对身体有什么好处？

4. 你是素食者吗？说说你的原因。

5. 在你们国家也有素食者吗？他们为什么只吃素？

6. 现在素食很受欢迎，在你们国家素食受欢迎吗？为什么？

7. 你们国家受欢迎的素食有哪些？

（二）在饭店

A：这家饭店有狗肉！你们吃吗？

B：当然不吃，我养了两条狗，它们都是我的家庭成员。

A：是啊，狗是人类最好的朋友，又那么可爱，怎么可以吃呢？

C：有些狗是很可爱，但也有些狗是不可爱的，我还被狗咬过呢！所以我很怕狗，也从来不吃狗肉，但是我也不反对吃狗肉。

D：我们吃鸡肉、牛肉，为什么不吃狗肉？我觉得它们都是动物，都可以吃。

生　词	
fǎn　duì 反　对	oppose, against

📝 讨论

> 1. 你吃狗肉吗？生活中你喜欢吃的肉类有哪些？不吃的肉类有哪些？
>
> 2. 在你们国家人们有吃狗肉的习惯吗？为什么？
>
> 3. 在你们国家有哪些饮食禁忌？为什么？

（三）在医院

A：你不能吃冰激凌。

B：为什么？我现在又热又渴，就想吃凉的东西。

A：不行，你刚生完孩子，不能吃冰激凌，也不能喝冰水。

B：那我能吃什么？

A：你把这碗红糖鸡蛋吃了。

📝 讨论

> 1. 在你们国家，女人生完孩子后可以吃什么？不可以吃什么？为什么？
>
> 2. 在你们国家，女人生完孩子后可以干什么？不可以干什么？为什么？
>
> 3. 你听过的最特别的饮食禁忌是什么？

一、根据自己的情况回答下面的问题

1 在中国，你有没有遇到过你们国家不吃的食物？

2 你生活中有什么不能吃或者不能喝的食品饮料吗？

3 你知道中国人过年有什么饮食禁忌吗？

4 你觉得素食对身体更好还是肉食对身体更好？为什么？

二、3—4 人一组，完成表演

1 老师让同学们在纸上写下不喜欢吃的菜或者不能吃的食物。

2 周末同学们要一起去餐馆吃饭，吃饭前每个组的成员之间互相打电话询问其他同学的饮食禁忌。

3 表演时让同学们尽量用上本课生词。

三、全班讨论

内容：各个国家的饮食禁忌。

要求：1 运用本课生词。

2 每个同学都要发言。

3 前一个发言的同学可以指定下一个发言的同学。

四、游戏：看谁反应快

1 老师利用 PPT 展示各个国家的特色食物。

2 将全班同学分成几组后进行抢答，抢答的同学需要说出图片上的食物名字。

3 答出一个得 5 分，最后得分最高的小组获胜。

五、交际活动

1 问问你的中国朋友在中国有哪些饮食禁忌，并在上课时介绍给同学们。

2 调查班级里每个同学是否吃肉的情况，上课汇报调查结果。

第四课　请客与宴会

听力

问：他在聚会上不做什么？（　　　）

　　A　说心里话

　　B　喝白酒

　　C　喝啤酒

会话

（一）同学聚会时

A：我最喜欢参加聚会了，你们呢？

B：我也喜欢，聚会的时候可以见到好朋友，吃到好吃的。

C：我只喜欢参加那种人不太多的聚会。

D：我不太喜欢聚会，我总觉得聚会吃的饭菜没有家里的好吃。

讨论

1. 你喜欢聚会吗？为什么？

2. 你参加次数最多的聚会是什么聚会？和谁一起参加？

3. 在你们国家，人们经常聚会吗？你觉得这些聚会有趣吗？

4. 在你们国家，同学聚会的时候一般聊些什么？朋友在一起会炫富吗？

（二）婚宴结束时

A：桌子上这么多菜没吃完，太浪费了。

B：是啊，这些鸡和鱼都没人吃过。

A：为什么点这么多菜？

B：儿子结婚嘛，点少了不热情。

A：别浪费了，我们还是打包带走吧。

生　词	
hūn yàn 婚　宴	wedding party
dǎ bāo 打　包	pack up

📝 讨论

1. 为什么会话中的人宴请朋友会剩很多菜？你认为这是一种食物浪费吗？

2. 在你们国家，人们怎样宴请朋友？也剩很多菜吗？

3. 你宴请朋友时会点很多菜吗？为什么？如果吃不完，你会打包吗？为什么？

4. 你外出吃饭经常打包吗？为什么？

（三）朋友讨论怎么聚会

A：我们吃火锅吧！一桌子人坐在一起，热热闹闹的。

B：火锅以前吃过了，我们这次吃烤肉怎么样？

C：吃烤肉不干净，我们每个人自己做几个菜，大家一起吃多好！

D：自己做太麻烦了，我们去吃自助餐吧。

生　词	
kǎo ròu 烤　肉	barbecue
zì zhù cān 自　助　餐	buffet

📝 讨论

1. 你和朋友聚会一般选择什么形式？吃桌餐、吃自助餐、大家自己做菜还是喝咖啡？为什么？

2. 在你们国家，人们聚会喜欢什么形式？

3. 在中国，人们聚会以后，有时会去 KTV 唱歌。你和朋友吃完饭以后都做什么？为什么？

一、根据自己的情况回答下面的问题

1 你喜欢什么样的聚会？你喜欢和谁聚会？为什么？

2 你觉得聚会、宴请时怎样做能有效避免食物浪费？

3 你觉得聚会能达到你当时参加聚会的目的吗？为什么？

二、3—4 人一组，完成表演

1 全班选择国别分组，根据自己选择的国别，了解那个国家最有特色的聚会的形式。

2 分小组设计不同国别的一次聚会，必须涉及聚会形式、饮食、聊天内容等。

3 尽量用上本课生词。

三、全班讨论

内容：现在有一些人是被逼着去参加聚会的，一场聚会结束身心俱疲，只是为了得到领导的肯定、同学的羡慕……聚会的意义已经消失了。

问题：你支持这种观点吗？请与你的同学一起讨论。

四、游戏：词语接龙

1 老师跟第一个同学说一个本课词语，第一个同学根据老师所说词语的最后一个字，说一个以这个字开头的词语。全班同学依次进行。尽量使用本课所出现的词语。

2 没有回答上来或者答错的同学要说一条自己喜欢参加聚会或者不喜欢参加聚会的理由。

五、交际活动

回家后采访自己的邻居关于聚会的相关问题或者外出吃饭打包的问题，例如：你经常参加聚会吗？为什么参加聚会？最后根据自己的采访整理出一篇小短文，上课时，向老师、同学们汇报。

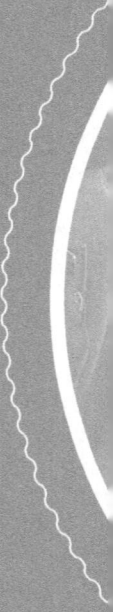

Unit 2

第二单元
情感

第五课　爱情

问：他没有说哪种婚礼？（　　　）

　　A　空中婚礼

　　B　水下婚礼

　　C　酒店婚礼

会话

（一）情人节怎么过

A：过情人节就应该看电影、吃大餐、送巧克力。

B：我订了一个餐厅的座位，还有玫瑰花。

C：附近的蛋糕店可以自己做蛋糕，我们要去做一个，上面再写上两个人的名字。

D：今年情人节晚上会有流星雨，我们打算一起去看星星，如果看到流星雨我就向她求婚。

生 词		
dà cān 大 餐	feast, great meal	
qiú hūn 求 婚	propose	

讨论

> 1. 你有女朋友 / 男朋友吗？你们的情人节一般怎么过？如果没有，就说说你最期待的情人节是怎样的。
> 2. 跟同学们说说你印象最深的一次情人节。
> 3. 在你们国家，有情人节吗？情人们都怎样过情人节？
> 4. 这个情人节你准备怎样过？为什么？

（二）哪种婚礼好

男：我喜欢中国式的婚礼，新郎新娘穿着红色的礼服感谢父母，又喜庆又热闹！

女：我还是喜欢西式的婚礼，新娘穿白色的婚纱，新郎给新娘戴上<u>戒指</u>，那是<u>神圣</u>的婚礼！

男：草地婚礼怎么样？在蓝天、白云下举行一个自然的婚礼。

女：草地婚礼是不错，可是天气不好怎么办？

男：这些婚礼都太麻烦，现在是网络时代，在网络上举行婚礼既简单又特别。

女：网络婚礼也很麻烦，干脆我们<u>裸婚</u>吧！

生　词	
jiè　zhi 戒　指	ring
shén shèng 神　圣	sacred
luǒ　hūn 裸　婚	get married without having a house, a car or even a wedding ceremony

讨论

1. 你喜欢什么样的结婚仪式？中式、西式，还是水下婚礼？

2. 在你们国家，一般的结婚仪式是怎样的？每个环节有什么含义？

3. 你觉得结婚仪式重要吗？必须很隆重吗？为什么？

4. 当今，年轻人的生活压力越来越大，很多人选择裸婚，你怎样看待裸婚？

5. 如果你的结婚对象没有钱，没有房，也没有车，你会选择裸婚吗？为什么？

（三）对黄昏恋的看法

A：听说张大妈跟李大爷结婚的事儿，他们的子女都不同意。

B：这是好事儿，为什么不同意呢？老年人也有追求幸福的<u>权利</u>。

A：张大妈和李大爷如果现在结婚，以后会有房子和其他<u>财产</u>的问题。

生　词	
huáng hūn liàn 黄　昏　恋	twilight love
quán lì 权　利	right
cái chǎn 财　产	property

B：可是他们现在老了，孩子又不在身边，确实需要有人陪伴。

A：是啊，这些都是很复杂的现实问题，以后我们老了也可能会面对的。

📝 讨论

> 1. 你赞同黄昏恋吗？为什么？
>
> 2. 你认为老年人谈恋爱跟年轻人有什么不同？

练习

一、根据自己的情况回答下面的问题

1 你有什么找男朋友或女朋友的好办法吗？请举出一个成功的例子。

2 你觉得恋爱中最重要的是什么？为什么？

3 很多人说举办一次婚礼身心俱疲，所以很多年轻人现在选择旅游结婚，既轻松又浪漫，你赞同吗？

4 对于"最美不过夕阳红"这句话，你怎么理解？

5 情人节的时候，电影院爆满，餐厅排队，平时 5 块钱一枝的玫瑰这时 20 块钱一枝。情人节你还愿意出去过吗？为什么？

二、3—4 人一组，完成表演

1 分组设计男女朋友间的表白或者求婚。小组成员扮演男女朋友，小组设计情节、场景、台词。

2 分小组展示。

3 全班投票，选出最动人的表白或者求婚。

三、全班讨论

内容：你觉得成功的婚姻需要什么？

要求：　1　运用本课生词。

　　　　2　每个同学都要发言。

　　　　3　老师可以准备一个软球，让学生接球回答问题。

四、游戏

1　老师定好时间炸弹（定时器），时间炸弹从第一个同学开始传递。炸弹在哪个同学的手里爆炸，那么这位同学就需要回答老师一个关于本课的问题。回答完毕后，将时间炸弹设置好时间继续传递，前一个回答问题的同学向下一个回答问题的同学提问。

2　游戏结束后，同学们评选出最佳问题和最佳答案。

五、交际活动

回家后，每个同学根据自己的喜好，选择一种婚礼，并且搜集婚礼现场图片、录像等，也可采访自己的朋友、邻居等，了解婚礼过程中每个环节的意义，然后制作成 PPT 或者视频资料，下节课介绍给全班同学。

第六课　友谊

问：什么样的人应该放在心里？（　　）

　　A 你难过他快乐的

　　B 你快乐他也快乐的

　　C 你难过他也难过的

会话

（一）两个好朋友在打电话

小李：小王，有没有时间出来陪我聊聊？

小王：怎么了？有什么事吗？

小李：我最近心情不太好，生活和工作压力都很大，想找你聊聊天。

小王：没问题，好朋友就要随叫随到。我们先去吃火锅，然后去唱歌，帮你好好放松一下，怎么样？

小李：太好了，一会儿见！

讨论

1. 你什么情况下会找朋友聊天？

2. 你有没有随叫随到的朋友？

3. 你跟你的朋友在一起会做哪些事情？

（二）几个朋友在说自己最好的朋友

A：我最好的朋友是我的爱人，我什么话都可以跟他说。你们呢？

B：我最好的朋友是我的同事，我每天在办公室里跟他谈工作觉得非常放松。

C：我最好的朋友是我的老师，他经常告诉我应该怎么做，对我帮助非常大。

D：我最好的朋友是我的邻居，连我家的钥匙都放在他家里。

E：我最好的朋友是一个外国人，他帮助我了解更多的人和事。

📝 讨论

> 1. 你喜欢哪种类型的朋友？为什么？
>
> 2. 你最好的朋友给了你哪些帮助？
>
> 3. 你在哪些方面帮助过你的朋友？

（三）哪些朋友是真正的朋友

A：真正的好朋友，并不是在一起就有聊不完的话，而是在一起没话说，也不会感到<u>尴尬</u>。

B：朋友就是知道你的缺点，还能喜欢你的人。

生 词	
gān gà 尴 尬	embarassed, awkward
shàn yì 善 意	kind
huǎng yán 谎 言	lie

C：朋友一定要说实话，那些愿意留下来跟你争吵的人，才是真正的朋友。

D：说实话确实很重要，可是有时朋友之间也会有<u>善意</u>的<u>谎言</u>。

📝 讨论

> 1. 你觉得什么样的朋友才是真正的朋友？为什么？
>
> 2. 你有真正的朋友吗？他是什么样的人？
>
> 3. 有人说，真正的朋友一生能有一两个就足够了。你认为呢？
>
> 4. 真正的朋友之间一定没有谎言吗？如果有谎言，你能接受吗？

一、根据自己的情况回答下面的问题

1 你最喜欢结交什么样的朋友？为什么？

2 你觉得同性之间的友谊更可靠还是异性之间的友谊更可靠？为什么？

二、3—4 人一组，完成表演

1 全班分组，主题是好朋友吵架，每组自己设计情节，完成话剧表演。

2 表演可以采取多种形式，如唱歌、舞蹈、讲故事等。

3 全班投票，选出最佳表演组。

三、全班讨论

内容：有些人认为，再好的朋友长时间不联系，也会变成普通朋友。

问题：你赞同吗？为什么？

要求： 1 运用本课生词。

2 每个同学都要发言。

3 前一个发言的同学可以指定下一个发言的同学。

四、游戏：找朋友

1 老师将本课生词做成两套拆分的词卡，只有两个词卡拼在一起才是一个完整词语。

2 将词卡打乱顺序，发给学生。

3 老师计时，学生必须在规定的时间内找到正确的另一半，共同拼成一个词。时间到，学生停止找朋友，老师随机说出一个词，持卡的朋友举起手中词卡并大声读出，其中一个人负责用这个词造句，全部正确则两个学生各加一分。教师可以继续说出 2—3 个词语。

4 若干组之后，老师可以收回词卡重新分配，活动继续进行。

5 若干轮之后，分数最高者获胜。

五、交际活动

向同学介绍一位你的好朋友，可以准备朋友的照片或者视频，时间 5 分钟。

第七课　当父母老了

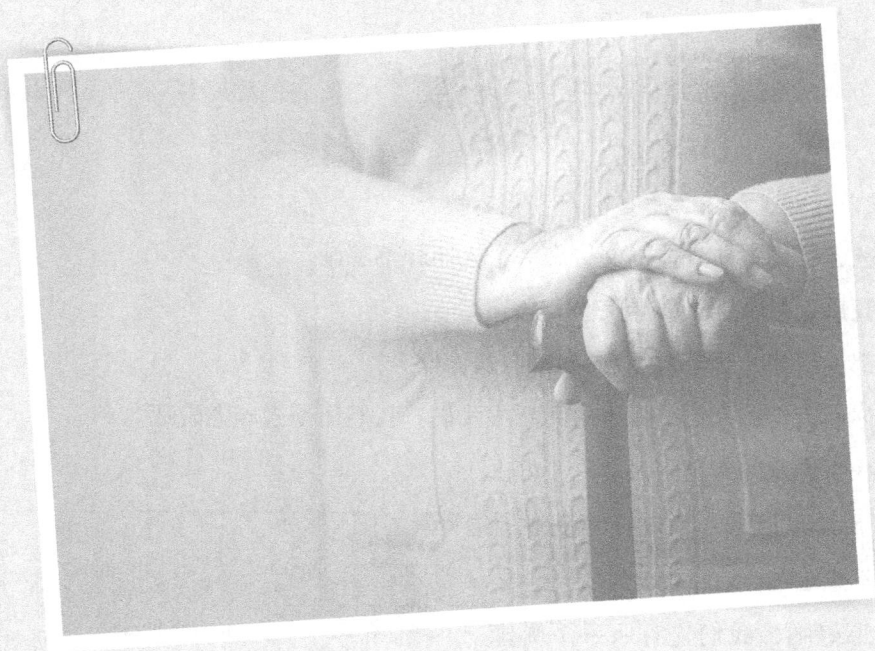

听力

问：下面哪个不是他去养老院的原因？（　　）

    A 他和儿子一家住在一起

    B 儿子很少和他在一起

    C 他身体不太好

会话

（一）父母和孩子讨论是不是应该住养老院

孩子：爸，我妈现在身体不好，您一个人照顾不了她。

爸爸：我最近想带她去养老院。

孩子：都说"养儿防老"，应该我来照顾你们。

爸爸：你们工作那么忙，哪有时间照顾我们？我们还是去养老院吧。

孩子：我听说有的养老院对老人不好。

爸爸：可我看报纸上说"养老院就是家，来了就不想走"。

孩子：那好吧，我们先打听一下哪家养老院好。

生 词	
yǎng lǎo yuàn 养 老 院	nursing home
yǎng ér fáng lǎo 养 儿 防 老	raise children for one's old age

讨论

1. 你怎么理解中国的"养儿防老"？你觉得养儿真的能防老吗？为什么？

2. 在你们国家，儿女怎么照顾自己家的老人？

3. 在你们国家，人们对养老院是什么看法？老人喜欢住养老院吗？

4. 在中国，有些人觉得老人住养老院是因为儿女不孝顺，你的意见呢？

（二）养老院里

A：老张，你怎么来养老院了？你不是有两个儿子吗？

B：我是有两个儿子，可一个在外国，一个在外地，我一个人在家太孤独。

A：还是这里人多、热闹，是吧？

B：是啊，你怎么也来了？你儿子也去外地了？

A：他没去外地，可是他白天工作特别忙，晚上回来还要照顾小孩。我身体不太好，帮不上忙，所以就来了。

B：你在这儿觉得怎么样？

A：我每天和其他老人一起唱歌、跳舞，很开心。

📝 讨论

> 1．在你们国家，儿女们一般什么时间回家看望父母？
>
> 2．在你们国家，什么样的老人会选择住养老院？是无奈的选择吗？
>
> 3．你觉得中国老人的观念和你们国家老人的观念一样吗？为什么？
>
> 4．说说你们国家的养老院。

（三）回家看望老人可能会成为法律规定

A：电视里说有一位空巢老人在家里去世，一周后才被发现。

B：现在子女回家越来越少，不过"常回家看看"要成为法律规定了，以后如果长时间不回家就是犯法了。

A：回家看望父母本来是一件很自然的事情，不应该用法律来约束。

B：可是现在"空巢家庭"越来越多。如果不用法律，还有什么更好的办法呢？

A：如果能给年轻人更多的假期，他们可能会有更多的时间看望父母。

生 词	
kōng cháo 空 巢	empty nesters
fàn fǎ 犯 法	break the law
yuē shù 约 束	restraint, bind

討論

1. 你同意"常回家看看"成为法律规定吗？为什么？

2. 说说你对"空巢老人"的理解。

3. 在你们国家，有什么做法促进在外工作的儿女多回家看望父母？

4. 在你们国家，空巢老人寂寞吗？他们都做些什么？

练习

一、根据自己的情况回答下面的问题

1 计算一下你还能和父母待多久。你打算怎样度过与父母在一起的时光？

2 老人应该自己住、跟孩子一起住，还是住养老院？调查一下你周围的人的看法，并说一说你的看法和理由。

3 请设想一下五十年后自己的生活。

4 你觉得你们国家的养老院还有哪些地方需要改进？

5 将来，你想让你的父母住养老院吗？为什么？

二、3—4 人一组，完成表演

全班分小组，每组都给会话（一）续编故事情节，使之成为一个家庭解决养老问题的完整故事。小组成员根据本组续编的故事情节分配角色，合作完成表演。

三、全班讨论

内容：空巢老人住养老院好还是与儿女同住好？

要求：1 运用本课生词。

2 每个同学都要发言。

3 老师准备一段音乐，击鼓传花回答问题。

四、游戏

1　老师定好时间炸弹，时间炸弹从第一位同学开始传递。炸弹在哪位同学的手里爆炸，那么这位同学需要讲一个表达孝心的做法或者有关的故事，讲完后，将时间炸弹设置好时间继续传递，游戏继续进行。

2　游戏结束后，同学们评选出最有创意的做法或者最佳故事。

五、交际活动

选择一位老人做以"××的一天"为题的跟踪调查，了解中国老人怎样度过一天的生活，比较一下中国和你们国家老人生活的异同。完成一份报告，下节课和同学们交流。

第八课　人与动物的感情

1 问：他更喜欢猫还是狗？（   ）

    A 猫

    B 狗

    C 不知道

2 问：为什么？

生 词	
jiān chén 奸 臣	treacherous minister
zhōng chén 忠 臣	loyal minister
zhōng chéng 忠 诚	loyal

会话

（一）猫和狗

A：狗比猫好，因为猫没有狗忠诚。

B：我不同意，猫和狗都很忠诚，只是猫更独立。

A：谁给猫吃的，谁就是它的主人。狗就不同，我朋友的狗走丢了七年，还是自己找回了家。

生 词	
diū 丢	get lost

B：昨天的新闻说美国有一只走丢三年的宠物猫也自己找到了主人的新家。

C：我也觉得猫好，猫很干净，声音也很可爱，整天就喜欢待在家里，不用带出去。

D：猫总是和人保持距离，而狗不同，狗比猫跟人更亲近，还可以保护主人，给人更多的安全感！

讨论

1. 你觉得猫和狗谁更忠诚？为什么？

2. 如果你要养一只宠物，你会选择养猫还是养狗？为什么？

3. 在你们国家，人们对猫和狗有什么看法？

4. 在你们国家的语言中，有没有涉及猫或狗的俗语？

（二）宠物与主人的故事

A：有的人对自己的宠物特别宠爱，我的朋友养了一只猫，可是这只猫生了很严重的病，他每个月都要花很多钱给它治病。

B：是啊，去年冬天，我邻居的猫掉进河里，它的主人马上跳进冰水里救自己的猫，听说人在那么冷的水里待几分钟可能就会死的。

C：宠物对主人也不错，我的朋友是<u>盲人</u>，他的狗每天带他过马路，还照顾他的生活。

D：我的狗对我就很好，去年它为了我<u>抓咬</u>一条蛇，最后伤了自己。

生 词	
máng rén 盲 人	the blind
zhuā yǎo 抓 咬	to scratch and bite

讨论

1. 你喜欢小动物吗？说说原因。

2. 主人为了生病的宠物花费大量金钱或者冒生命危险去冰水里救自己的宠物，你觉得有必要吗？

3. 你觉得人和动物之间有真正的友谊吗？请举例说明。

4. 说一个你知道的宠物和主人的故事，并评论。

（三）养什么宠物

A：我儿子最近想养个宠物。如果养只猫、狗或者兔子什么的倒是没什么，可他居然要养一条蛇，真不知道现在的孩子是怎么想的。

B：是啊，现在连猛兽都有人养。如果不小心被自己的宠物伤害了，那可不是小事！

C：所以我只养鱼，它们在水里，不会伤害我。可是邻居家的猫偷吃了我的鱼，我好伤心啊！

D：为了不伤心，我养了一只电子宠物，它是永远不会死的！

讨论

> 1. 你觉得什么样的动物适合当宠物？
>
> 2. 在你们国家，人们最喜欢把什么动物当宠物？为什么？
>
> 3. 如果你有一次养宠物的机会，你想养什么宠物？为什么？
>
> 4. 你见过最奇怪的宠物是什么？和大家说一说。

练习

一、根据自己的情况回答下面的问题

1 讲一个关于动物的故事。

2 你知道的最忠诚的动物是什么？为什么说它忠诚？

3 你觉得电子宠物和真正的宠物相比，谁更好？为什么？

4 你有宠物吗？说一说你自己的宠物。

二、3—4人一组，完成表演

1 老师将本课重点词语做成词卡，将小组按顺序编号。

2 小组表演之前，老师随机给第一小组两个词语作为提示，本小组根据老师的提示用两分钟时间准备，即兴完成一个小故事的表演。

3 第一小组表演完成后，第二小组按上述方法准备并表演，依次进行。

4 小组表演全部结束以后，评选出最佳创意小组和最佳表演小组。

三、全班讨论

内容：有人说宠物能帮助我们消除寂寞，使我们变得更有爱心，应该养宠物。也有人说宠物的寿命比较短，有的比较难养，所以等宠物去世的时候会很难过，最好不要养宠物。

问题：你觉得应不应该养宠物？说出自己的理由。

要求： 1 运用本课生词。

2 每个同学都要发言。

3 前一个发言的同学可以指定下一个发言的同学。

四、游戏

1 老师准备一个软球。

2 老师把软球扔给一个学生，这个学生用汉语说出一种动物的名字，接着这个学生把球扔给另一个学生，接到球的学生要模仿这种动物，如果学生说不出或做不出就讲一个自己和动物的小故事。

3 接到球的同学继续扔球做游戏。

4 游戏结束后，同学们评选出最佳动物模仿者。

五、交际活动

和你的朋友一起选择一个地点，做一次以"动物保护"为主题的活动。活动中你们可以教授参与者养宠物的小技巧，和参与的人一起玩游戏，现场帮助宠物洗澡，增强人们爱护动物的观念。

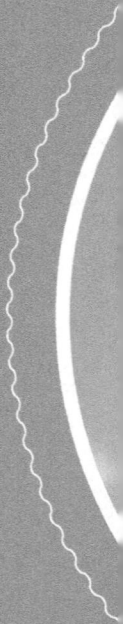

Unit 3

第三单元
人性

第九课　人性与心理

问：女的同意了吗？（   ）

    A 同意了

    B 没同意

    C 她没说

会话

（一）"我很喜欢你，你可以做我女朋友吗？"

（男同学，你希望得到哪种回答？女同学，你会选择哪种回答，为什么？）

A：我也很喜欢你，我们可以做非常好的朋友。但我并不爱你，我不能做你的女朋友，抱歉！

B：你是个好人，我们在一起时，我感觉又放松又舒服，可我对你没有那种感觉。

C：对不起，我不喜欢你这个类型的男生，和你在一起我缺乏安全感。

D：我觉得我们不合适，不过我有一个好朋友，我觉得她更适合你，我可以介绍你们认识。

E：不好意思，你说得太晚了，我已经有喜欢的人了，只能拒绝你。

F：我现在还年轻，不想太早考虑这个问题，我们现在都应该以工作和学习为主。

G：你有车、有房、有钱吗？

生 词	
jù jué 拒 绝	turn down, refuse

1. 你如何拒绝别人借钱? 你如何拒绝别人借车?

2. 朋友请你吃饭, 你不想去, 你会怎么说?

3. 别人借了你的东西不还给你, 你怎么办? 为什么?

4. 当你和别人意见不同的时候, 你怎么办? 为什么?

(二)"如果你有很多钱, 你会干什么? "

A: 当然是买房子, 然后租出去, 这样可以挣更多的钱。

B: 人口越来越少, 房子一定会降价的, 钱还是放在银行里比较安全。

C: 放在银行里的钱是纸, 花了的钱才是钱。我如果有钱, 就买一架飞机, 去世界各地旅游。

D: 我首先要给父母一部分, 我们家很穷, 父母送我去读书不容易, 现在他们老了, 需要钱。

E: 我认为需要用钱的人还有很多, 我会捐给最需要帮助的人。

📝 讨论

1. 你第一次拿到工资, 你会干什么? 为什么?

2. 你觉得买房子好还是租房子好? 为什么?

3. 你有很多钱的时候, 你会把钱存起来吗? 为什么?

4. 如果你有很多钱, 你会帮助别人还是留给自己用? 为什么?

(三)外国丈夫跟朋友聊自己的中国妻子

A: 你娶了中国妻子以后觉得怎么样?

B: 很好, 现在我们家里全是中国人, 我妻子的爸爸、妈妈、哥哥、姐姐、姐姐的孩子全都来了。

生 词	
qǔ 娶	marry(a woman)

A: 这么多人在你家里, 一定很热闹吧?

B: 是的, 特别是吃饭时大家坐在一起有说有笑, 非常开心!

A: 每天的饭菜谁来做呢?

B：当然是我的妻子。

A：这样看来，你的妻子很厉害啊！

B：是啊，不过她最厉害的是工作，她每天工作很努力。

A：其实我女朋友也是中国人！

讨论

1. 你愿意嫁一位中国男人或者娶一位中国女人吗？为什么？

2. 如果你和你的爱人吵架了，你会怎么办？

3. 如果你的爱人喜欢看你的手机，你会怎么办？

4. 如果你的爱人不喜欢你现在的工作，你怎么办？

练习

一、根据自己的情况回答下面的问题

1　陌生人要借你的电话，你会拒绝吗？

2　你觉得请朋友吃饭时应不应该浪费？为什么？

3　很多人觉得结婚一定要有自己的房子，你怎么看？

4　你和你的爱人有矛盾时，你怎么办？会告诉你的家人吗？

二、2—3人一组，完成表演

1　一个人扮演老师，其他人扮演学生。

2　学生们都要向老师请假，但是老师只能让一个学生请假。学生们想请假，必须说清楚自己请假的原因，让老师相信他们。

3　表演时请尽量用上本课生词。

三、全班讨论

内容：你眼里的中国人有什么特点？

要求：　1　老师将需要学生使用的生词写在黑板上。

　　　　2　每个同学都要发言。

　　　　3　前一个发言的同学可以指定下一个发言的同学。

四、游戏：看谁猜得快

　1　老师在白纸上写下班上一名同学的姓名，贴在另一名同学的背上。

　2　背上被贴了白纸的同学看不到纸上的名字，其他同学可以看到。他需要通过问其他同学问题才能猜出纸上的名字。

　3　这名同学猜出名字后，可以换一名同学并换掉白纸上的名字继续做游戏。

五、交际活动

课下和你的朋友聊聊，问问他们中国人的性格特点。

第十课　东西南北中国人

1 问：北京男人的特点是什么？（   ）

    A 最浪漫

    B 最会赚钱

    C 最怕老婆

2 问：哪里的男人最会做饭？（   ）

    A 北京男人

    B 上海男人

    C 山东男人

会话

（一）南方人和北方人

A：听说南方人爱喝茶，喝茶的时候喜欢讨论怎么做生意。

B：听说北方人爱喝酒，喝酒的时候喜欢讨论人生。

A：听说南方人茶喝得越多，钱赚得越多。

B：听说北方人总是觉得人生最重要的事情不是钱，是快乐，酒喝得越多越快乐。

讨论

1. 你喜欢喝茶还是喝咖啡？你喜欢边喝茶/咖啡，边做什么？

2. 在你们国家，人们聊天时喜欢喝什么饮料？

3. 伤心的时候，你最想做什么？说说原因。

（二）对不同地方姑娘的评价

A：我喜欢北京姑娘，她们一般大方、开朗，怎么想就怎么说、怎么做。

B：我喜欢上海姑娘，大部分上海女人都既现实又浪漫，还很会穿衣打扮。

C：我更喜欢浙江姑娘，浙江的女人常常既现代又传统，既漂亮又温柔。

生 词	
wēn róu 温 柔	gentle, tender

D：我还是觉得山东姑娘好，山东女人都很大气、忠诚，最重要的是她们都很重视家庭。

📝 讨论

1. 说说你印象中的北京人 / 上海人是什么样的。
2. 你最喜欢中国哪个地方的人？为什么？
3. 你去过哪些地方旅游？你对那个地方的人印象如何？

（三）对不同地方小伙子的评价

A：我觉得北京小伙子好，他们既能言善辩，又幽默风趣，对女孩子也非常大方。

B：我觉得上海小伙子好，他们精明细致，在家里会给老婆做饭。

C：我喜欢浙江小伙子，他们爱做买卖，也会做买卖。

D：我更喜欢山东小伙子，他们很少说爱情和自己的爱人，不会花言巧语，也不懂浪漫，但他们非常忠诚、重感情。

📝 讨论

1. 你最喜欢哪个地方的男人 / 女人？为什么？
2. 在你的印象中，中国的男人 / 女人是什么样的？
3. 在你们国家，不同地方的男人 / 女人有什么特点？

练习

一、根据自己的情况回答下面的问题

1　你觉得中国的南方人和北方人有什么不同？

2　在你们国家，不同地方的人有什么不同？说说原因。

3　在你的印象中，中国的男人 / 女人与你们国家的男人 / 女人有什么不同？

4 说说你印象中中国人的特点。

5 采访下你身边的朋友，说说他们对不同地区的中国人的印象。

二、3—4 人一组，完成表演

1 老师手中准备一些卡片，每一张卡片上有一个中国城市的图片和名字。

2 同学们要分别说出你印象中这个城市的特点或者你喜欢这个城市的原因。

3 表演时请尽量用上本课生词。

三、全班讨论

内容：不同国家或者不同地方的人的特点。

要求： 1 老师将需要学生使用的生词写在黑板上。

2 每个同学都要发言。

3 老师准备一段音乐，击鼓传花回答问题。

四、游戏：城市接龙

1 同学们依次说出自己知道的一个城市的名字。

2 说不出来或重复了前面同学答案的同学不能进行游戏，并要表演一个节目。

3 反复进行几轮，留到最后的同学获胜。

五、交际活动

去商场买东西的时候，问问售货员是哪个地方的人，并了解那个地方的人有什么生活习惯，在下一次上课时介绍给同学们。

第十一课　生活里的攀比现象

问：他的公司今年发了什么奖励？（　　）

    A 钱

    B 奔驰车

    C 儿童用品

生　词	
jiǎng lì 奖　励	awards

会话

（一）谁的酒量最差

A：我听说小张不能喝酒，喝一杯就醉了。

B：我听说小李喝一口就醉了。

C：这都没什么，我一闻到酒味就醉了。

D：你们在说什么呀？

A：我们在说谁的酒量最差。

（D 一听到"酒"字，马上醉倒在地上了……）

B：哎呀，你怎么了？

C：他醉了。

生　词	
jiǔ liàng 酒　量	capacity for liquor
zuì 醉	drunk

📝 讨论

1. 你喜欢吹牛的人吗？为什么？

2. 你自己喜欢吹牛吗？为什么？

3. 你认识爱吹牛的人吗？你觉得他为什么喜欢吹牛？

（二）几个公司老板在讨论给员工发奖励

A：我们公司给员工的奖励都是出国旅游，可是今年经济不好，只能是国内旅游了。

B：是啊，我们公司的生意也不好做，去年我的公司给员工的奖励是苹果手机，今年也是发的苹果，不过是一箱苹果。

C：我的公司是卖食品的，今年生意也不好做，所以我把卖不出去的食品都作为奖励发给员工了。

D：你们几个人的公司都不错了，我公司给员工发的是电子邮件。

📝 讨论

---

1. 工作以后，你最想要的年终奖励可能是什么？

2. 你觉得工资高的人应该得到更高的年终奖吗？为什么？

3. 在什么情况下，公司不会发年终奖？

4. 你认为有些人为什么喜欢比惨？

（三）朋友讨论网络上不同类型的人

A：有的人不知道是不是真的有钱，但是经常在网络上炫富，给房子和车拍照，还把钱做成衣服穿在身上。

生 词	
diǎn zàn 点 赞	like, upvote

B：有的人喜欢自拍，不管是刮风下雨，也不管是和谁在一起，最重要的事情就是各种各样的自拍。

C：还有些人喜欢拍饭，饭上了桌子以后不能吃，要先拍照，照相比吃饭更重要。

D：也有很多人不说话，也不拍照，只是给别人点赞。甚至有时别人生病了，他们也会点赞。

E：还有一种沉默型的人，自己从来不说话、不拍照，也不点赞。

📝 讨论

---

1. 你觉得你自己是这些类型里的哪一种？或者是其他哪种类型？

2. 你的朋友都属于上面说的哪种类型？

3. 你最喜欢上面说的这些类型里的哪种类型的朋友？为什么？

4. 你最不喜欢哪种类型的朋友？为什么？

一、根据自己的情况回答下面的问题

1　现在有些人喜欢在朋友圈发很多照片，你怎么看？如果你很有钱，你会炫富吗？为什么？

2　为什么有些人喜欢炫富？

3　别人都在比惨时，你会不会吹牛或炫富？

4　调查一下周围人对炫富的人和比惨的人的看法，并说一说你的看法。

5　你认为我们要不要在意别人的评价？为什么？

二、3—4人一组，完成表演

1　老师把分别写着"炫富""吹牛""比惨"的三种不同的纸片发给同学们。

2　假设以下场景：考试结束后，同学们纷纷走出考场，在教室外聊天。拿到不同类型纸片的同学要按照纸上的类型来说话表演。

3　表演时请尽量用上本课生词。

三、全班讨论

内容：吹牛、比惨和炫富的人的心理。

要求：　1　运用本课生词。

2　每个同学都要发言。

3　老师可以准备一个软球，让学生接球回答问题。

四、游戏：介绍新朋友

1　每位同学要介绍一位自己朋友圈的朋友。

2　要求：必须说出介绍的朋友是什么类型的。

3　介绍朋友时要尽量说得详细，多举例。说得最好的同学可以被评为"最佳好友"。

五、交际活动

课下和中国朋友聊聊天，问问他们对"比惨和炫富"的社会现象怎么看。

第十二课　男主内，女主外

问：下面哪个是"女汉子"的特点？（　　　　）

　　A 吃苹果时先削皮

　　B 和男性朋友一起吃饭时，吃得很少

　　C 喜欢和男生做朋友

会话

（一）晚上十点，妻子下班回家

丈夫：老婆，你回来了！怎么这么晚？吃饭了吗？

妻子：还没呢，一直工作到现在。孩子怎么样了？

丈夫：孩子我已经哄睡了，饭菜都在桌子上，快吃吧。

妻子：太好了，我都快饿死了！你今天做什么了？

丈夫：和每天一样，早上送孩子上学，回来去买菜准备午饭；中午接孩子回来吃饭；下午洗衣服，收拾房间，再去接孩子；晚上陪孩子写作业、玩，他刚刚睡觉。

妻子：你辛苦了，这是我这个月的工资。

丈夫：你才辛苦呢！每天都工作到这么晚才回来。我给你放好了洗澡水，一会儿你吃完饭去洗澡，洗完澡以后我再给你做个按摩，让你好好放松一下！

生　词	
hǒng 哄	coax
àn mó 按摩	massage

📝 讨论

> 1. 男人辛苦还是女人辛苦？为什么？
>
> 2. 你喜欢"男主内，女主外"的生活吗？为什么？
>
> 3. 在你们国家，女人工作吗？除了工作还要做哪些事？
>
> 4. 在你们国家，是男主外还是女主外？

（二）几名男同学在讨论"女汉子"的特点

A：我认识的"女汉子"不爱化妆，她们的化妆品经常是过期了还没用完。她们更不会去做美容，连头发都自己剪。

B：她们不喜欢逛街，觉得逛街购物很浪费时间，在网上购物又方便又省钱。

C：她们从来不穿高跟鞋，只穿运动鞋。

D：她们的电脑、打印机出现问题都是自己修理，不会找男生帮忙。

生　词	
nǚ hàn zi 女汉子	tomboy

📝 讨论

1. 你喜欢"女汉子"吗？为什么？

2. 在你们国家"女汉子"多吗？为什么？

3. 什么人喜欢逛街购物？"女汉子"一般喜欢逛街吗？

4. 如果你的朋友是"女汉子"，你会为她做些什么？

（三）几名女同学在讨论男同学

A：你们注意到了吗？小李喜欢照镜子，而且很注意自己的头发和眉毛，还用香水。

B：是啊，他是男人，可是喜欢逛街，买一件衣服就能逛一上午，最高兴的事就是讲价成功。

C：我和他一起吃过饭，他吃饭很讲究环境，从不去小饭馆。

D：我也和他一起吃过饭，他吃饭前一定要拍照，每到一个地方都要自拍，经常在朋友圈里发表自己的心情。

E：我发现他不喜欢足球、篮球等运动，但是喜欢唱歌。

F：他还害怕老鼠，甚至害怕小虫子。

> 1. 你的男性朋友有没有女孩子的特点？
>
> 2. 你喜欢和什么样的男孩子做朋友？
>
> 3. 你喜欢和什么样的女孩子做朋友？
>
> 4. 你们国家的男人有什么特点？

练习

一、根据自己的情况回答下面的问题

1 你觉得"女汉子"容易找男朋友吗？为什么？

2 在你们国家，男人应该做哪些事情？说说原因。

3 你对"女强人"有什么看法？你觉得"女汉子"和"女强人"一样吗？

4 为什么有些女性会变得像男性？

二、3—4人一组，完成表演

1 老师给出话题：男人和女人谁应该做家务。

2 每组同学分别说出自己的看法。

3 表演时请尽量用上本课生词。

三、全班讨论

（一）内容：为什么会出现男主内和女主外的变化

要求： 1 老师将需要学生使用的生词写在黑板上。

   2 每个同学都要发言。

   3 前一个发言的同学可以指定下一个发言的同学。

（二）辩论赛

1 分为正方和反方，每方4人。

2 辩题为："男主内，女主外"/"男主外，女主内"可以使婚姻稳定。

正方："男主内，女主外"可以使婚姻稳定。

反方："男主外，女主内"可以使婚姻稳定。

3 辩论规则

①正方立论 3 分钟，反方立论 3 分钟。

②自由辩论 10 分钟。

③正方结辩 3 分钟，反方结辩 3 分钟。

四、游戏：看谁说得久

1 同学们可以分成两组，一组人拿的关键词是"男人"，另一组人拿的关键词是"女人"。

2 两组同学比赛，每组同学一个接一个说和关键词有关的句子。

3 哪组同学说得时间久则哪组同学获胜。

五、交际活动

问问身边已结婚的朋友或家人，喜欢男主内的生活还是男主外的生活，总结一下别人的看法，并说说自己的看法。

第十三课　礼仪风俗

问：过生日时，桌子上没什么？（　　）

A 鲜花

B 生日蛋糕

C 礼物

D 生日歌

会话

（一）几个朋友参加完中国人的婚礼后

A：今天的婚礼可真热闹！

B：是啊，那个酒店很豪华，酒席结束以后还有节目，真不错！

A：婚宴上到处都是红色，新人的衣服和家具，还有客人送的红包都是红色的，我最喜欢红色了！

C：可是我觉得中国的婚礼太复杂，又是迎亲，又是婚宴，还要闹洞房，太麻烦！

讨论

1. 中国婚礼有哪些习俗？

2. 对比一下中国婚礼和你的国家的婚礼，说说有哪些异同。

3. 在你们国家，朋友、亲戚结婚时大家一般送什么礼物？有什么特殊意义吗？

4. 当今中国人的婚礼一般采用中西结合的形式，在你们国家，人们喜欢什么样的婚礼？

（二）几个朋友参加完一个特别的葬礼以后

A：今天的葬礼真是特别，丈夫竟然把妻子的骨灰放在了烟花里，随着烟花一起飞上了天。

B：这叫"烟花葬"，跟传统的葬礼确实有很大的不同。

A：是啊！以前都是火葬，从没听说过这种葬礼。

B：人们使用火葬是想最后能够"入土为安"；使用"烟花葬"，怎么能"入土"？

A：死了以后就什么都不知道了，是不是能"入土"也不重要吧。

生　词		
zàng lǐ 葬 礼		funeral
gǔ huī 骨 灰		bone ash
yān huā 烟 花		fireworks

📝 讨论

1. 现在有哪些新的葬礼形式？
2. 你能接受文中出现的葬礼形式吗？为什么？
3. 在你们国家，大多数人会选择什么样的葬礼形式？
4. 想象一下自己将来的葬礼形式。

（三）儿子过生日

妈妈：儿子，祝你生日快乐！快来吃了这个红皮鸡蛋。

儿子：谢谢妈妈！

妈妈：再把这碗面条吃了。

儿子：这个碗里好像只有一根面条。

妈妈：对啊，这是长寿面，只有一根，而且越长越好。

📝 讨论

1. 你知道过生日为什么要吃红蛋和面条吗？
2. 在你们国家，人们是怎样过生日的？有什么特殊含义吗？
3. 你见过的最特别的过生日方法是什么？
4. 说说你最期待的生日晚会。

一、根据自己的情况回答下面的问题

1 你参加过中国人的婚礼吗？婚礼当天，新人的床上会放红枣、花生、桂圆、莲子，你能猜一猜这表达了一种什么意思吗？

2 你还见过中国人婚礼的哪些有趣现象？

3 在你们国家，人们忌讳谈到死亡、葬礼吗？为什么？

4 你见过中国的葬礼吗？对比一下中国葬礼和你们国家葬礼的异同。

5 除了过生日，你还知道中国人在什么时候喜欢送鸡蛋、吃鸡蛋吗？

二、3—4 人一组，完成表演

1 每组从婚礼、葬礼、过生日这三个主题中任选其一，小组讨论具体形式、环节，然后进行表演。

2 表演结束后，全班评选出最佳创意小组和最佳表演小组。

三、全班讨论

内容：当代年轻人中有的人为了在活着的时候体验一下自己死亡之后的感觉，就提前安排一次体验葬礼，挂上自己的黑白照片，自己安静地躺在菊花丛中接受朋友的悼念。很多中国人觉得这样太不吉利，也有部分人觉得很有意思。

问题：你觉得上面的做法怎么样？你会这样做吗？

要求：1 运用本课生词。

2 每个同学都要发言。

3 老师可以准备一个软球，让学生接球回答问题。

四、游戏

1 游戏开始以后，用眼罩将一位同学的眼睛遮住，这位同学从一数到十，其他同学散开，可以利用这段时间藏在教室的任何地方，数数停止后，别的同学脚不能再移动，活动过程中除脚以外的身体部位可以活动。

2 这位数数的同学原地转三圈，开始摸人。被摸到的人需要回答老师一个问题，回答出来之后可以重新隐藏，如果回答不出来，这位同学就要代替摸人的同学，戴上眼罩，原地转三圈后开始摸人，被替换的同学则快速找地方隐藏，游戏继续进行。

3 到游戏结束时，从来没有被摸到的同学为赢家。

五、交际活动

采访你的中国邻居或者朋友的婚礼，涉及不同的年龄阶段，看看中国人的婚礼形式的变化。尽量多地收集资料，如照片、视频、结婚证等，在课上给同学们做展示报告。

第十四课　宴会与礼仪

问：宴会结束时最好什么时候离开？（　　）

　　A 第一个

　　B 不是第一个，也不是最后一个

　　C 最后一个

会话

（一）几个朋友要去参加万圣节晚会

A：今天晚上你们打算穿什么？

B：我和去年一样，还是准备了一套黑色的鬼衣。你呢？

A：我觉得万圣节一定要有南瓜灯，所以我准备了一套南瓜的衣服。

C：我最喜欢哈利·波特，我要穿他的衣服，戴他的帽子。

A：我们现在就穿上这些衣服，怎么样？

生 词	
wàn shèng jié 万 圣 节	Halloween
guǐ yī 鬼 衣	goast costumes
nán guā dēng 南 瓜 灯	Jack-O'-Lantern, pumpkin lantern
hā lì · bō tè 哈利 · 波特	Harry Potter

讨论

1. 你喜欢参加宴会吗？为什么？

2. 你觉得聚会时男人／女人应该怎么穿衣服？为什么？

3. 你觉得聚会化妆应该注意什么？

4. 在你们国家不同的节日宴会有什么特点？

（二）两个朋友要去参加宴会

A：今天是我第一次参加这么重要的宴会，有什么要注意的地方吗？

B：参加宴会的目的是交流，不是吃东西，所以一定要多交流。

C：但是如果自己或别人嘴里有食物，最好就不要说话了。

B：另外，宴会过程中打电话、玩手机都是不礼貌的。

A：看来还是有很多需要注意的地方，我再上网查一查。

讨论

1. 对比一下中国的餐桌礼仪和你们国家的餐桌礼仪有哪些异同。

2. 中国人安排宴会座位的方式和你们国家一样吗？说说有哪些异同。

3. 中国人敬酒时要注意什么？你们国家也有类似的规矩吗？

4. 宴会还没有结束，但是你有事情必须离开，可是这时候你不知道主人去哪里了，你觉得怎么办比较合适？

（三）去朋友家做客

A：你别客气啊！多吃一点。

B：谢谢，今天的菜真好吃！

A：好吃就多吃点，再吃点鱼。

B：谢谢，我已经吃饱了。

A：你吃得太少了，再吃点肉吧！

B：我现在在减肥，不吃肉。

A：多吃点，明天再减肥也来得及。

讨论

1. 中国人在宴请客人时，喜欢劝菜，你觉得有哪些原因？

2. 中国的劝菜、劝酒文化在你们国家也有吗？有哪些异同？

3. 在你们国家，主人怎样表达对客人的热情招待？

练习

一、根据自己的情况回答下面的问题

1　你还知道哪些中国餐桌礼仪和规矩？

2　在你们国家，有没有奇特的餐桌礼仪、规矩？讲给大家听一听。

3　在你们国家，人们宴请时必定喝酒吗？一般喝什么酒？

4　你觉得喝酒一定要多喝才好吗？为什么？

二、3—4人一组，完成表演

分组后，以"中国朋友来我家"为题，以其中扮演主人的这位成员的国家习惯为主，小组成员帮助设计与本课相关的礼仪情节，分角色进行表演。

三、全班讨论

内容:酒文化在中国的社交中发挥了一定的作用。现在很多人也知道喝酒太多伤身体，可是为了面子、感情，有时候很无奈。

问题：请大家讨论，看看有什么好办法能够帮助这些经常外出喝酒应酬的人少喝酒。

要求：　1　运用本课生词。

2　每个同学都要发言。

3　前一个发言的同学可以指定下一个发言的同学。

四、游戏：抢板凳

1　同学们自愿参加游戏，老师选择6人进行，其余同学需等待。在教室中间用5把椅子背靠背摆成圆形。

2　这6人围着椅子站成圆圈，老师说游戏开始，然后同学们就围着椅子快速转圈，老师说停，本组同学赶紧抢椅子坐下，没有抢到椅子的同学就要接受惩罚：回答老师或者同学提出的关于本课的任何一个问题。如果给出的答案大家都满意，这个同学可以继续玩游戏，如果不能令大家满意，则淘汰，新的一名同学加入。

3　游戏进行到只剩5个同学时，就减少一把椅子，依此类推。坚持到最后的同学获胜。

五、交际活动

回家后收集自己国家的人们在迎接客人或者宴请朋友等方面的有趣礼仪和方式的资料，整理成 PPT，下节课介绍给同学们。

第十五课　送礼

问：他觉得下面哪个不是非常好的礼物？（　　　）

　　A 客人请我吃饭

　　B 喝酒

　　C 到郊外去共度周末

会话

（一）最喜欢的礼物

A：我觉得送礼就是表达心意的重要方法，礼物一定要合适。

B：我同意你的看法，我收到的最珍贵的礼物是一只左手<u>棒球</u>手套，那是我爷爷送给我的，我和爷爷都是<u>左撇子</u>，所以我特别喜欢这个礼物。

生　词	
bàng qiú 棒　球	baseball
zuǒ piě zi 左　撇　子	left-hander
zhī 织	knit

A：我最喜欢的礼物也是一副手套，是我女朋友亲自给我<u>织</u>的，每次戴上这副手套，我都觉得特别温暖。

C：我觉得别人需要的礼物就是最好的，我最喜欢的礼物是在考大学时朋友送我的书。

📝 讨论

> 1．在你们国家人们一般在什么场合送礼物？为什么？
>
> 2．在你们国家，人们喜欢送别人什么礼物？为什么？
>
> 3．中国人喜欢送给别人什么样的礼物？
>
> 4．你喜欢什么样的礼物？你觉得什么样的礼物是好的礼物？
>
> 5．你觉得礼物的价格重要还是心意重要？说说原因。

（二）孩子和妈妈在家里

孩子：妈，这是我朋友今天送给我的一盒巧克力，您尝尝。

妈妈：真好吃！他为什么送给你巧克力？

孩子：可能是因为我昨天送了他一块巧克力。

妈妈：你打算明天再送他礼物吗？

孩子：如果再送，是不是要送一箱巧克力？

讨论

1. 你知道中国人送礼物的习惯吗？

2. 在你们国家，人们收了礼后一定要还礼吗？为什么？

3. 在你们国家，人们还礼的时候要考虑什么吗？

4. 在中国，人们还礼的时候还会估计一下所收礼物的价值，在回礼的时候尽量选择价值相近或者稍微高一点的礼物，在你们国家人们也会这么考虑吗？你认为这种做法怎么样？

（三）参加婚礼，带什么礼物好呢

A：参加婚礼时，一定不能送"伞"，因为"伞"和"散"发音相近，有"分散"的意思。

B：对，也不能送"钟"，"钟"与"终"发音相同，"送钟"听起来像"送终"。

生 词	
bēi jù 杯具	cups（tragedy）

A：送"杯子"怎么样？表示两个人"一辈子"在一起。

B：可是"杯子"就是"杯具"，"杯具"和"悲剧"发音相同，也不好。

A：要不就送钱吧，只要不带有数字"四"就可以了。

讨论

1. 中国人参加婚礼送礼金不论多少一般送双数，你知道为什么吗？

2. 在中国，你还知道新婚礼物不能送什么？为什么？

3．在你们国家，人们一般送什么新婚礼物？有什么含义吗？

4．在你们国家，人们送新婚礼物有什么禁忌吗？

5．你参加过中国人的婚礼吗？你送的礼物他们喜欢吗？

练习

一、根据自己的情况回答下面的问题

1 在你们国家，朋友一起吃饭更喜欢 AA 制还是一个人请客？为什么？

2 朋友请客吃饭后，你会回请吗？为什么？

3 在你们国家有哪些送礼特点？

4 想一想你收到过哪些礼物，说一说哪些礼物是你喜欢的，哪些是你不喜欢的，并说明原因。

5 说一说你觉得礼物的本质是什么，并调查一下你周围同学的看法，做一个总结报告。

二、3—4 人一组，完成表演

1 全班分组，每组自定一个活动主题，如生日会、婚礼等。每组选择 1—2 人为主人公，其余人扮演参加活动的亲朋好友。每位亲朋好友自己制作礼物送礼，并且在送礼时要向主人说明所送礼物的含义。

2 全部表演完成后，全班评选出最具创意礼物奖。

三、全班讨论

内容：你认为应该给上级领导送礼吗？

要求： 1 老师将需要学生使用的生词写在黑板上。

2 每个同学都要发言。

3 前一个发言的同学可以指定下一个发言的同学。

四、游戏

1 老师定好时间炸弹,时间炸弹从第一个同学开始传递。炸弹在哪个同学的手里爆炸,那么这个同学就需要说出一个本课生词并造句。如果完全正确,将时间炸弹设置好时间继续传递,游戏继续进行;如果有错误,大家帮忙改正,这位同学要被扣1分。

2 游戏结束后,扣分最多的人要表演一个节目。

五、交际活动

回家后,采访你的外国朋友,问问他们有没有最尴尬 / 高兴的一次送礼经历,如果有,请你记录下来,并总结一下他尴尬 / 高兴的原因,下节课告诉你的同学们,和大家一起讨论。

第十六课　入乡随俗

问：留学生应该怎么说？（　　　）

    A　给你一刀

    B　给你这把刀

    C　给你这根刀

会话

（一）吃饭时

A：你们慢慢吃，我出去方便一下。

B：他出去做什么？

C："方便"一下，就是指去上厕所。

B：那他为什么还说在我"方便"的时候来找我学习英语？

讨论

> 1. 说说为什么 B 理解有误。
>
> 2. 请和你的同学讨论一下，你同意他们的说法吗？
>
> 3. 你来中国以后在生活中闹过如此的笑话吗？
>
> 4. 在你们国家，也有很多这样的语言现象吗？请举个例子说明。

（二）学校里

中国学生：Where are you from?

留学生：我是美国人。

中国学生：你可真白，身材也好！你每天都吃啥？

留学生：吃啥都没用，这是天生的。

中国学生：你的汉语说得真好！

留学生：随着汉语的普及，"老外"的汉语都说得越来越好了。

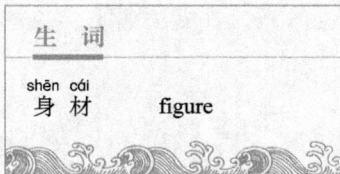

生 词	
shēn cái 身 材	figure

📝 讨论

> 1．你遇到过这样的情况吗？和大家说一说。
>
> 2．你为什么学中文？你学习中文想达到什么程度？为什么？
>
> 3．你觉得为什么有越来越多的外国人开始学习中文？

（三）在学生宿舍

A：你们有晾衣服用的绳子吗？我洗了衣服，想晾出去。

B：你这些都是内衣，还是不要晾在外面吧。

C：在外面晾衣服不太美观。那边有烘干机，你可以把衣服烘干。

生 词	
liàng 晾	air, dry in the sun
hōng gān jī 烘 干 机	dryer

A：我家外面有专门晾衣服的地方，我们都是在外面晾衣服。

D：我也喜欢在外面晾衣服，因为不需要用电，很环保。

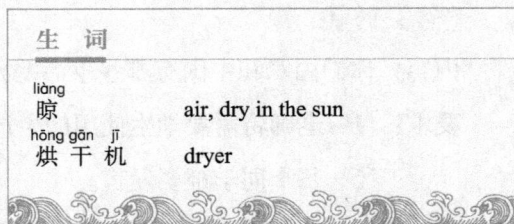

📝 讨论

> 1．在你们国家，人们晾晒衣服吗？为什么？
>
> 2．来中国以后，中国人的哪些行为让你不太理解？在你们国家人们会怎样做？
>
> 3．你觉得为什么会出现这些难以理解的差异？
>
> 4．面对这些生活方式的不同，你会怎么办？

一、根据自己的情况回答下面的问题

1 来到陌生的地方生活和学习，你在哪些方面觉得很不习惯？

2 面对这些不习惯，你能做到入乡随俗吗？为什么？

3 你能说几个外国人经常用错的汉语词语或者句子吗？

4 说一说你在国外发生过的糗事，跟同学讨论为什么会发生这些糗事，并选择一件事情跟你的同学现场表演。

5 你觉得了解对方国家的文化重要还是学习对方国家的语言重要？为什么？

二、3—4 人一组，完成表演

每组选择一个生活差异点，仿照会话（三）进行表演，表演中每个小组成员都要讲出自己国家的人是怎么做的。

三、全班讨论

内容：你们国家和中国有哪些生活差异？你觉得为什么会有这些差异？

要求：1 老师将需要学生使用的生词写在黑板上。

2 每个同学都要发言。

3 前一个发言的同学可以指定下一个发言的同学。

四、游戏

1 同学们自愿参加游戏，老师选择 6 人进行，其余同学需等待。在教室中间用 5 把椅子背靠背摆成圆形。

2 这 6 人围着椅子站成圆圈，老师说游戏开始，然后同学们就围着椅子快速转圈，老师说停，本组同学赶紧抢椅子坐下，没有抢到椅子的同学就要接受惩罚：老师给出一个词语，学生用这个词语造句。如果给出的答案大家都满意，这个同学可以继续玩游戏；如果不能令大家满意，则淘汰，一名新的同学加入。

3 游戏进行到只剩 5 个同学时，就减少一把椅子，依此类推。坚持到最后的同学获胜。

五、交际活动

回家后向邻居或中国朋友学中国俗语。下节课比赛，看谁说得又多又好。

Unit 5

第五单元
教育

第十七课　挫折教育

问：下面哪个是现代父母的做法？（　　　）

    A 总是抱着或背着孩子

    B 如果孩子摔倒了，马上拉起来

    C 如果孩子摔倒了，鼓励他们自己爬起来

会话

（一）教室里

A：你们听说了吗？小李退学了。

B：听说是因为不能照顾自己的生活，在家里都是父母照顾他，他现在连洗脸都不会。

A：是，他都这么大了，他妈还给他喂饭呢！

B：他父母太溺爱孩子，所以他现在没有生活能力，只能退学回家了。

生 词	
nì ài 溺 爱	spoil（a child）

讨论

1. 你觉得会话中的父母教育孩子有什么特点？

2. 在你们国家，父母如何教育孩子？为什么？

3. 在你们国家，父母教育孩子有什么特点？

4. 你知道中国的父母是如何教育孩子的吗？

（二）家长会上

A：我觉得老师今天说的"挫折教育"很好。

B：我也觉得不错，可是要怎么做呢？

A：我打算以后让孩子自己去上学。

生 词	
cuò zhé 挫 折	frustration

C：我的孩子 12 岁以后就开始做家务，当然，我也给他"工资"。

B：对，我也要锻炼孩子的自立能力，以后他自己的衣服自己洗。

📝 讨论

1. 用你的话说说什么是"挫折教育"。

2. 谈谈你听过的"挫折教育"。

3. "挫折教育"可能会带来哪些问题？说说原因。

4. 父母是不是应该从小培养孩子吃苦的能力？为什么？

（三）宿舍里

A：你们听说了吗？我们学校的一个学生因为论文写不出来，又找不到工作，昨天竟然自杀了。

B：都已经上大学了还自杀？以前有人因为考不上大学自杀。

C：现在自杀者的年龄越来越小，我听说有个小学生参加一次平时考试，因为英语没考好，下课以后就自杀了。

A：学生的压力太大了！

📝 讨论

1. 你压力大时怎么办？

2. 在你们国家，大学生有"挫折教育"吗？

3. 如果你是老师，你会怎么教育你的学生？

练习

一、根据自己的情况回答下面的问题

1 教育是个人问题还是社会问题？为什么？

2 你的父母对你严厉吗？他们是怎么教育你的？

3 你觉得哪个国家的教育方式比较好？为什么？

4 你认为教育的目的是什么？

5 你将来会怎样教育你的孩子？

6 在你们国家父母是怎么教育孩子的？会人为地制造一些挫折来培养孩子承受挫折的能力吗？

7 孩子是否需要"挫折教育"呢？围绕此话题，分成 A、B 两组，进行辩论。A 组为正方，观点是：孩子需要"挫折教育"。B 组为反方，观点是：孩子不需要"挫折教育"。

二、3—4 人一组，完成表演

1 老师给出题目：你经历过的最大的挫折是什么？

2 同学们两人一组进行表演。一位同学扮演面试者，一位扮演考官。考官问面试者经历的最大挫折是什么。

3 表演时请尽量用上本课生词。

三、全班讨论

内容："挫折教育"的优点和缺点。

要求：　1　运用本课生词。

　　　　2　每个同学都要发言。

　　　　3　老师可以准备一个软球，让学生接球回答问题。

四、游戏：看词造句

1 教师利用词语卡片提示学生和教育有关的词汇。

2 学生必须用卡片上的词语造句，句子正确可以得 5 分。

3 全班分成两组，比比哪一组说的句子多。

五、交际活动

和你的中国朋友谈谈教育的问题，并写下你了解到的情况和感想。

第十八课　学校家庭

问：他的孩子几点去公园？（　　　）

　　A　6：30

　　B　13：30

　　C　14：00

会话

（一）几个朋友聊孩子上学

　　A：我儿子特别好动，不好好学习，经常被老师批评，所以他特别不喜欢去学校。后来我就辞职了，做他的家庭老师。

生　词	
hào dòng	
好　动	active, restless

　　B：国外有在家上学的，听说有的国家如果学生选择在家上学，父母还可以免费领到教材，如果感觉在家上学不好，孩子可以随时回学校。

　　C：可是我们的情况和外国不太一样，现在大部分家庭都是只有一个孩子，我的孩子如果在家上学，就会没有朋友，所以还是要去学校。

📝 讨论

1. 孩子不想去上学怎么办？

2. 学校教育有什么作用？

3. 在你们国家，有没有在家上学的情况？

（二）周末去现代"私塾"学习国学经典，时间安排：

9：00：把拖鞋摆放整齐，然后集体打扫卫生。

9：30：读国学经典。

10：00：老师和孩子们一起听世界名曲。

10：30：学习英语。

11：00：体育课，主要是打球、跑步。

12：00：吃午饭，饭前孩子们要一起大声诵读感恩词。

13：00：休息一个小时

14：00：继续诵读国学经典

15：00：学生自由活动或回家。

生　词	
guó xué jīng diǎn 国 学 经 典	classic of Chinese literature
gǎn ēn 感 恩	grateful, thankful

📋 讨论

> 1. 你知道中国古代的私塾吗？说说你知道的私塾。
> 2. 在你们国家有现代"私塾"吗？是什么样的？
> 3. 你的学校一天的时间安排是怎么样的？

（三）天气不好，在家上课

儿子：妈妈，学校刚通知我们，因为天气原因，今天在家上网课。

妈妈：快去把电脑打开，别耽误上课。

爸爸：现在的孩子真幸福，我们小的时候不管什么天气，都要去学校上课。

妈妈：过去和现在不能比，以前没有网络、没有电脑，只能去学校。

爸爸：是啊，现在的日子真幸福！

📋 讨论

> 1. 你的学校会因为什么原因停课？
> 2. 你的学校会因为什么原因上网课？
> 3. 你喜欢在教室上课还是在网络上课？

练习

一、根据自己的情况回答下面的问题

1 你觉得家长应该帮助学校做哪些事情？

2 你选择学校最看重的是什么？

3 你认为个性化教育是什么样的？

4 你觉得分数重要吗？

5 谈谈你上网课的感受。

二、3—4 人一组，完成表演

1 老师给出表演题目：孩子不想上学怎么办？

2 每一组同学分角色表演爸爸、妈妈、爷爷和奶奶，一家人正对孩子上学的问题进行讨论。

3 表演时让同学们尽量用上本课词语。

三、全班讨论

内容：家庭教育的优点和缺点。

要求： 1 运用本课生词。

2 每个同学都要发言。

3 前一个发言的同学可以指定下一个发言的同学。

四、游戏：复述句子

1 老师从课文挑出一些句子。

2 老师先说一遍，然后请同学们来复述句子。看谁说得又快又好。

3 复述时请同学们尽量不看课文。

五、交际活动

在网上找找关于学校教育和家庭教育的文章，课下与其他同学交流对教育问题的看法。

第十九课　高等教育

问：根据课文，下面哪句话是错误的？（　　　　）

　　A 再过十几年，读好学校的学生可以找到好工作

　　B 再过十几年，读一般学校的学生只能找一般的工作

　　C 再过十几年，读好学校的学生只能找到一般的工作

会话

（一）在家里

妈妈：儿子，今年没考上理想的大学，没关系，明年咱们再考一次，别难过了。

儿子：就差一分，还要再等一年吗？

妈妈：要不你去另一所大学也不错，离家又近，你的分数也够了。

儿子：可那不是我理想的学校。

妈妈：但是它的专业很好，排名也不错。

儿子：哎，那我再想想吧！

讨论

1. 在你们国家考大学难吗？

2. 谈谈你们国家的招生政策。

3. 你认为不同大学之间的区别大吗？

（二）儿子考上研究生了

爸爸：儿子今年考上研究生了，这可是我们家的大喜事。

妈妈：是啊，儿子这么多年的努力总算有了回报。可是读书真的那么重要吗？其实让孩子早点工作也挺好的。

爸爸：读书越多，才能找到越好的工作。

📝 讨论

---

1. 在你们国家，是不是学历越高找到的工作越好？

2. 在你们国家考研究生难不难？

3. 你觉得读书重要还是工作重要？

（三）儿子要选择专业

爸爸：你觉得儿子应该学文科还是学理科？

妈妈：儿子数学成绩一直很好，应该学理科，以后做个科学家。

爸爸：可是他从小就很喜欢看小说，是不是学文科更适合他？

妈妈：这只是业余爱好，我觉得男孩子还是更适合选择理科。

爸爸：要不我们还是让他自己来决定吧。

妈妈：对，我们更应该尊重孩子的意愿。

📝 讨论

---

1. 你喜欢文科还是理科？为什么？

2. 你选择现在专业的理由是什么？

3. 你的父母会不会帮你选择专业或学校？

练习

一、根据自己的情况回答下面的问题

1　中国的招生政策和你们国家的招生政策有什么不同？请举例说明。

2　你觉得教育可以改变贫富差异吗？为什么？

3　你们国家未来的教育需要从哪些方面改进？

4　你认为学历对一个人来说有什么作用？

5　你觉得选择专业时应该注意什么？

二、3—4 人一组，完成表演

1 情景：学校召开家长会，班主任和家长一起讨论选择专业的问题。

2 每组学生中一人扮演班主任，另外几人扮演家长，家长纷纷表达自己对专业选择的看法。

3 表演时让同学们尽量用上本课生词。

三、全班讨论

内容：介绍一下你们国家高等教育的情况。

要求： 1 老师将需要学生使用的生词写在黑板上。

2 每个同学都要发言。

3 前一个发言的同学可以指定下一个发言的同学。

四、游戏：扩展句子

1 老师给学生一个句子：小明不能去理想的学校上学。

2 老师先做示范，给出例句：如果分数不够，小明就不能去理想的学校上学了。然后请同学们来扩展句子。

3 扩展句子时请同学们尽量用上课文中的生词。

第二十课　中外教育

问：那个 8 岁的女儿反对什么？（　　　）

　　A 父母再生一个孩子

　　B 上课

　　C 吃东西

（一）电视里

主持人：如果给你们智慧、权力、真理和金钱，你们会怎么选？

A：我选择真理和智慧，如果我拥有了智慧、掌握了真理，我就会拥有金钱和其他东西。

B：我选择金钱和权力，因为这就是我最后想要的东西。

主持人：下面一个问题是制订一份帮助非洲贫困儿童的计划。给大家二十分钟准备时间。

A：我会去非洲旅游，还要去建学校。下面我给大家准备了非常丰富的中华才艺表演。

B：你们的才艺表演确实很丰富，不过我会去关注非洲儿童的生活，包括食物、教育、水和艾滋病等实际问题。

（朋友，你会怎么评价这两个学生呢？）

生 词	
zhì huì 智慧	wisdom
quán lì 权 力	power
zhēn lǐ 真理	truth, veritas
ài zī bìng 艾滋病	AIDS

1. 如果给你智慧、权力、真理和金钱，你会怎么选？为什么？

2. A 学生有什么特点？

3. B 学生有什么特点？

4. 如果让你帮助非洲的贫困儿童，你会怎么做？为什么？

5. 如果你是主持人，你会怎么评价这两个学生？

（二）孔融让梨

父亲：孔融，你把这些梨分给兄弟们吃吧。

孔融：好的，爸爸，我年纪小，应该吃小梨，大的给哥哥们。

父亲：那弟弟比你小，为什么他的梨也比你的大呢？

孔融：因为弟弟比我小，所以我应该让着他。

（同学们，你们喜欢孔融吗？为什么？）

生 词	
kǒng róng ràng lí 孔 融 让 梨	Kong Rong shares pears（traditional chinese stories for kids）

📝 讨论

1. 你觉得孔融的做法好吗？为什么？

2. 你觉得什么时候应该谦让？什么时候不应该谦让？

3. 你喜欢诚实的人吗？为什么？

4. 在你们国家，人们喜欢谦让的人吗？为什么？

5. 你愿意和口是心非的人做朋友吗？为什么？

（三）父母想再生一个孩子

妈妈：女儿，你每天一个人玩高兴，还是跟邻居家的小朋友一起玩高兴啊？

女儿：当然是跟别的小朋友一起玩高兴了。

妈妈：爸爸妈妈再给你生一个小朋友一起玩好不好啊？

女儿：再生一个孩子？那你们不爱我了怎么办？

妈妈：不会的，我们会和现在一样爱你。

女儿：家里有个小弟弟或者小妹妹也挺好玩的，如果你们写个保证书我就同意。

爸爸：保证书？保证什么？怎么写？

女儿：你们就写"我保证永远最喜欢我的大女儿"，然后在后面签上你们的名字就行了。

爸爸、妈妈：好吧，我们写！

生　词

bǎo zhèng shū
保 证 书　　guarantee

讨论

1. 你有兄弟姐妹吗？你觉得有兄弟姐妹好还是没有兄弟姐妹好？为什么？

2. 如果你是独生子女，你的父母要再生一个孩子，你会反对吗？为什么？

3. 为什么很多小孩不愿意父母要第二个孩子？

4. 你觉得你的父母更爱你还是你的兄弟姐妹？

练习

一、根据自己的情况回答下面的问题

1　除了教育，哪些因素会影响学生的发展？为什么？

2　在你们国家，教育的目的是什么？你怎么认为？

3　你们国家的教育有哪些优点和缺点？

4　你觉得中国教育有哪些优点和缺点？

5　你认为怎样的教育方式是好的教育方式？

二、3—4人一组，完成表演

1　情景：孩子考试考得不好，回来告诉妈妈。

2　学生分角色表演孩子和妈妈之间的对话。

3　表演时请尽量用上本课生词。

三、全班讨论

（一）内容：中外教育的不同（包括教育理念、教育方法、教育评价等）

要求： 1 运用本课生词。

2 每个同学都要发言。

3 前一个发言的同学可以指定下一个发言的同学。

（二）辩论赛：你认同中国的教育方式吗？为什么？

1 分为正方和反方，每方 4 人。

2 辩题为："中国 / 美国的教育方式更好"。

正方："中国的教育方式更好"。

反方："美国的教育方式更好"。

3 辩论规则

①正方立论 3 分钟，反方立论 3 分钟。

②自由辩论 10 分钟。

③正方结辩 3 分钟，反方结辩 3 分钟。

四、游戏：找不同

1 老师用 PPT 展示孔子的教育思想和言论。

2 让同学们猜猜这些句子的意思，再跟自己国家的教育理念进行对比。

3 全班分成两组，比比哪一组猜得又多又好。

五、交际活动

课下和你的朋友谈谈教育发展的问题，课上说说你了解到的情况，以及你对未来教育发展的期望。

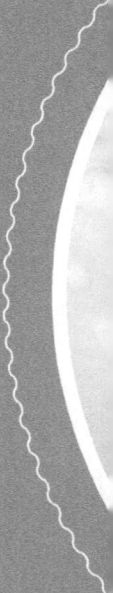

Unit **6**

第六单元
语言

第二十一课　汉语的艺术

听力

问：这张剪纸上没有什么？（　　　）

　　A 荷花

　　B 花瓶

　　C 和平

会话

（一）两位游客在山西参观古老的宅院

A：古人家里的东西真少，你看客厅的桌子上只有钟表、花瓶和镜子，都不值钱。

B：这不是钱的问题，"钟声"和<u>终生</u>同音；"瓶"与"平"同音；"镜"与"静"同音；这三样东西在一起就是"终生平静"的意思。

A：原来是这样啊！可是这个家院子里也没什么东西，连一棵树都没有。

B：这是因为这户人家的院子是"口"字形，树就是"木"，如果一个"木"在"口"里，那就是"困"字，谁愿意被困住呢？

A：这样说来，院子是"口"字形，"人"在"口"里，不就是"囚"字吗？

生　词	
zhōng shēng 终　生	lifelong, lifetime

📑 讨论

1. 类似会话中的情况，你还知道哪些有趣的汉字？你怎么解释它们？
2. 你觉得会话中的这种做法有道理吗？为什么？
3. 你还知道生活中有什么类似的情况吗？
4. 根据会话中这样的说法，你会怎么装饰你的家？为什么？

（二）中国有很多俗话

A：我现在虽然没有钱，但是我不着急，俗话说：金钱不是万能的！

生　词

sú huà
俗话　　common saying, proverb

B：对，可俗话又说：没有金钱是万万不能的！

A：我工作也不太顺利，领导、同事都不理解我，可我是男人，俗话说：男子汉大丈夫，能屈能伸！

B：是，可是还有一句俗话说：男子汉大丈夫，宁死不屈！

A：我现在有很多困难，我想找人帮助我，俗话说：一个好汉三个帮！

B：但是，还有一句俗话说：靠人不如靠己！

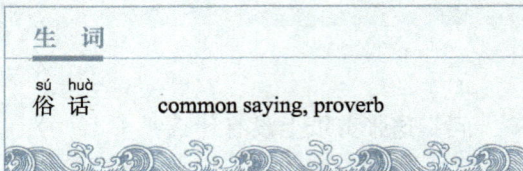

📝 讨论

1. 你还知道什么"俗话"？它们是什么意思？
2. 你还知道哪些俗话是相互矛盾的？
3. 你最喜欢汉语中的哪句俗话？为什么？
4. 你最不赞成哪句俗话？为什么？

（三）大年三十晚上，吃饭后

孩子：哎呀！

妈妈：怎么了？

孩子：妈，我不小心把一个碗摔碎了。

生　词

shuāi suì
摔　碎　　crash, break into pieces

妈妈：我来看看，没关系，过年摔碎了碗是好事，"岁岁平安"！

孩子：是吗？我一不小心做了一件好事。

妈妈：饺子煮好了，咱们吃饺子去。

孩子：妈妈，今年的饺子真好吃，不过我看见有一个饺子破了。

妈妈：宝贝，过年了，饺子不能说破了。

孩子：那怎么说啊？

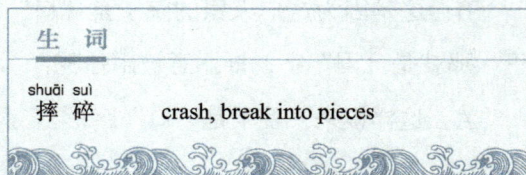

妈妈：你可以说饺子"挣了"，也可以说饺子"笑了"。

孩子：妈妈，你看那个饺子笑得多开心啊！

讨论

> 1. 会话中妈妈的说法，你赞同吗？为什么？
>
> 2. 你还知道中国人过年不能说哪些话？为什么？
>
> 3. 你知道哪些过年说的吉利话？它们是什么意思？（请至少说出三个）
>
> 4. 在你们国家有类似课文中这样的情况吗？

练习

一、根据自己的情况回答下面的问题

1 在你的母语里，存在课文中这样的词语吗？

2 在你的母语里，你最喜欢哪句俗话？请用汉语说一说。

3 在你的母语里，在节日里常说的吉利话有哪些？它们是什么意思？

4 你身边的中国人叫什么名字？你觉得他（她）的名字有什么象征意义？请举两三个例子说明。

5 说一说你的名字有什么含义，并说明在你们国家取名字有什么讲究。

二、3—4 人一组，完成表演

1 请每组同学以下列俗话为主题，表演短剧。

①一个好汉三个帮

②金钱不是万能的

③男子汉大丈夫，宁死不屈

2 要求短剧内容表现出该俗话的含义。

3 尽量用上本课生词。

4 先分小组练习，准备好以后给全班同学表演。

三、全班讨论

内容： 1 汉语中的俗话，有哪些你是赞成的？哪些你是不赞成的？请举例说说为什么。

2 你相信语言（如说出的话、汉字）会影响人的运气吗？为什么？

要求： 1 运用本课生词。

2 每个同学都要发言。

3 老师可以准备一个软球，让学生接球回答问题。

四、游戏：看动作猜句子

1 教师准备本课学过的句子，用 PPT 展示出来。

2 学生两人一组，一个人看句子做动作，另一个人猜，在规定时间内猜出最多句子的小组获胜。

五、交际活动

调查 2—3 个中国人，询问他们最喜欢的俗话，并解释这句俗话是什么意思，下次上课时与同学们分享。

第二十二课　起名的学问

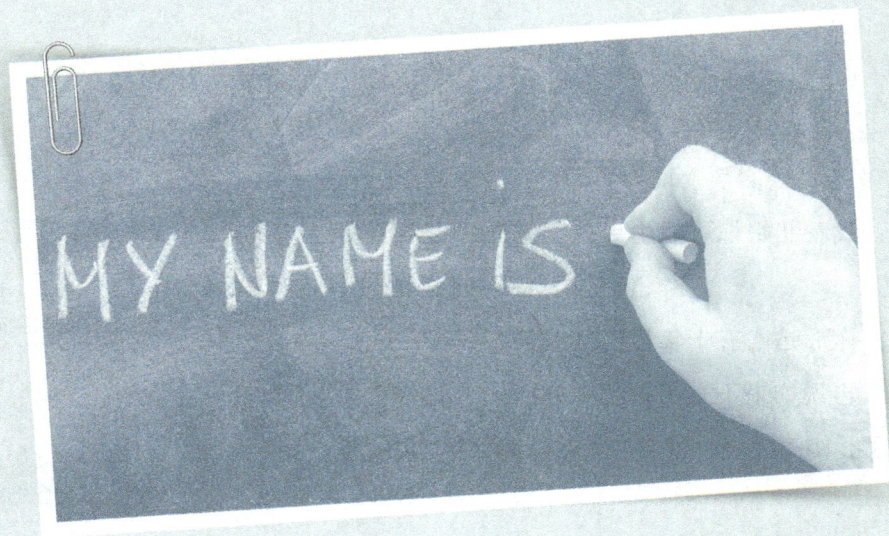

问：我的同事叫什么？（　　）

   A　吴所谓

   B　吴聊

   C　吴趣

会话

（一）金家儿媳妇快生孩子了

爸爸：我看儿媳妇可能生男孩，孩子就叫建国或者卫国吧？

妈妈：你那是四五十年代流行的名字，现在早就不流行了。再说如果不是男孩怎么办？孩子的名字我已经想好了，咱家姓金，就叫"金鑫"，男孩、女孩都合适。

生 词		
ér xí fu 儿 媳 妇	daughter-in-law	
bào fù 抱 负	ambition	
jīn qián bào 金 钱 豹	leopard	

儿子：金鑫这名字有四个"金"，孩子以后一定不缺钱。

爸爸：可是写出来不太好看，四个"金"字没有变化。我见过"石磊"和"木森"这样的名字，写出来都不漂亮。再说"金鑫"的金钱味太重，要不就叫一个"乐（lè）"字吧，简单快乐，多好！

儿子：可是"乐"是多音字，第一次看见他/她名字的人应该叫他/她"金乐（lè）"还是"金乐（yuè）"呢？

儿媳妇：我想让孩子长大后成为一个既谦虚又有抱负的人，我们就叫他"金谦抱"怎么样？

儿子："金谦抱"这个名字不错，不过听起来很像"金钱豹"！

📝 讨论

> 1. 中国人的名字有什么特点？
>
> 2. 你知道哪些时髦的中国名字？
>
> 3. 中国人起名字注重什么？
>
> 4. 你觉得人的名字重要吗？为什么？

（二）汉语的姓名

A：姓"贾"的人别人不好称呼他们，"贾医生、贾老师"，听起来好像都是假的。

B：姓"付"也挺有趣，"付厂长、付院长、付校长"，听上去和"副厂长、副院长、副校长"是一样的，都不是正的。

C：你们这些姓都比较常见，我有个朋友姓"赫"，叫"赫赫赫"，就好像是"呵呵呵"地笑。

D："赫"这个姓确实不太常见，可是它也是单姓，我有个朋友姓"诸葛"，叫"诸葛明"，有人叫他"小诸"，还有人叫他"葛明"。

生　词	
jiǎ 贾	a chinese surname
fù 付	a chinese surname
fù 副	vice, deputy
zhū gě 诸 葛	a chinese compound surname

📝 讨论

> 1. 你还知道什么特别的中国人的姓？为什么你觉得特别？
>
> 2. 你听过最有趣的中国名字是什么？为什么？
>
> 3. 你还知道什么关于姓名的有意思的事？
>
> 4. 你最喜欢的中国名字是什么？为什么？

（三）老师让大家做自我介绍

A：你们好！我是荷兰人，我的荷兰名字是 Kenzo，所以我的中国朋友帮我起了一个中文名是"啃粥"，我很喜欢这个名字，因为我很喜欢喝粥。

B：同学们好！我是美国人，我的名字也和吃的东西有关系，我的英文名字是 Robert，所以我的汉语名字是"萝卜头"。

C：大家好！我是德国人，我是一名律师，我的老师给了我"诸葛亮"这个名字，因为诸葛亮很聪明，口才又好。

D：大家好！我是英国人，我的中文名字是"戴洋"，本来我很喜欢我的名字，可是我的一个朋友说我的中文名字听起来像"die young"，所以一定得改。请帮我起一个中文名字，谢谢！

生　词

kěn 啃	nibble
zhōu 粥	porridge
luó bo tóu 萝卜头	carrot head
zhū gě liàng 诸葛亮	Zhuge Liang（a statesman and strategist, prime minister of the King of Shu in the period of the Three Kingdoms, who became a symbol of resourcefulness and wisdom in chinese folklore）

讨论

1. 请模仿会话内容，介绍一下自己的汉语名字。
2. 会话中的同学的汉语名字，你喜不喜欢？为什么？
3. 如果让你给刚来中国的朋友起汉语名字，你会起什么？为什么？
4. 你觉得名字对人有什么影响？

练习

一、根据自己的情况回答下面的问题

1　你为什么要起你的中文名字？

2　你为什么要起你的英文名字？

3　在你的母语里，有什么奇怪或有趣的姓名？为什么奇怪或有趣？

4　如果让你选择一个中国历史人物的名字做自己的名字？为什么？

5　你觉得说话是否是一门学问？请举例说明。

二、3—4人一组，完成表演

1　请每组同学扮演家庭中的各个成员，以"起名字"为主题，表演短剧。

2　尽量用上本课生词。

3　先分小组练习，准备好以后给全班同学表演。

三、全班讨论

内容：你觉得名字对人有什么影响？请举例说明。

要求：　1　运用本课生词。

　　　　2　每个同学都要发言。

　　　　3　老师准备一段音乐，击鼓传花回答问题。

四、游戏

1　5—6人一组，老师给每个人发放一张纸板，各位同学写上各自的名字。

2　老师将纸板收上来打乱，然后随机发给每位同学，纸板上的名字即各位同学的新名字。

3　一人先开始，说"××蹲，××蹲，××蹲完，××蹲（××为另一人的新名字）"，被叫到的人继续说，若未说出或反应慢则被淘汰。

五、交际活动

调查2—3个中国人，询问他们的名字有什么含义，记录下来在课堂上与同学们分享。

第二十三课　网络"流行语"①

---

① 本课网络"流行语"主要指在网络上使用时有特定含义的词语。

问：城会玩是什么意思？（　　　）

　　A　你不会玩

　　B　你很会玩

　　C　你不爱玩

会话

（一）关于网络购物

A：嘿，你最近有没有在网上"剁手"啊？

B：哈哈，别提了，我最近"种草"了好多名牌化妆品和包包，简直"停不下来"。

A：那你得"拔草"了，不然你的钱包要"吃土"了。

B：我知道，但我就是"手痒"，看到好东西就忍不住。

A：好吧，记得以后要"拔草"，别让自己"月光"哦。

B：放心吧，我会精打细算的。

流行语解释
剁手：指购物时控制不住自己，买很多东西。
种草：指对某物产生强烈的购买欲望。
停不下来：形容对某事上瘾，无法停止。
拔草：指消除购买欲望，不再想买某物。
吃土：形容非常穷，没有钱。
手痒：形容非常想买东西。
月光：指每月工资花光，没有剩余。

生　词
jīng dǎ xì suàn
精打细算　　budget-conscious

讨论

1．你知道哪些汉语中的网络语言？

2．在你们国家有哪些网络语言？

3．你平时说话喜欢用流行语吗？为什么？

4．平时你最爱说的流行语是什么？你的朋友呢？

（二）关于健康饮食

A：你最近在"打卡"健身吗？

B：是啊，我最近在"刷脂"，想要"马甲线"。

A：听起来很"燃"啊，那你平时都吃些什么？

B：我现在都在"吃草"，尽量减少热量摄入。

A：那你会不会觉得饿？

B：有时候会，饿的时候我会吃一点低卡食物。

A：听起来你真的很有毅力，希望你能达成目标。

B：谢谢，我也希望能"逆袭"成功！

流行语解释
打卡：指记录自己的行为，如健身、学习等。
刷脂：指通过运动和饮食减少体脂肪。
马甲线：指腹部的肌肉线条，像马甲一样。
燃：形容非常有动力，充满活力。
吃草：指吃蔬菜，比喻健康饮食。
逆袭：指从不利局面中反败为胜。

📝 讨论

1. 你知道马甲线和人鱼线的区别吗？
2. 你只"吃草"吗？
3. 你在网上和别人聊天时有没有发生过误会？
4. 你们国家年轻人喜欢用网络语言说话吗？举例说明。

（三）关于工作压力

A：你最近工作怎么样，有没有感觉到"压力山大"？

B：确实，最近项目"DDL"临近，感觉"亚历山大"。

A：那你得放松一下，不然会"过劳死"的。

B：我知道，但我就是放不下，总觉得还有很多事要做。

A：你可以试试"断舍离"，减少不必要的工作。

流行语解释
压力山大：形容压力很大。
DDL：deadline，指截止日期。
亚历山大：形容压力非常大。
过劳死：指因过度劳累而死亡。
断舍离：指舍弃不需要的东西，简化生活。
放空：指让大脑休息，不去想任何事情。
充电：比喻休息和恢复精力。

B：好主意，我决定"放空"一下，也许能提高效率。

A：对，有时候"放空"反而能"充电"，让你更有精力。

B：谢谢你的建议，我会试试看的。

📝 讨论

> 1. 你知道哪些汉语中的流行语？
>
> 2. 你知道哪些你自己母语中的流行语？
>
> 3. 你们国家有没有用字母表示一个词语的情况？比如：CD。
>
> 4. 如果一个人说话时全是流行语，你觉得他是一个什么样的人？

练习

一、根据自己的情况回答下面的问题

1　你认为汉语流行语有哪些特点？

2　你认为你的母语中的流行语有哪些特点？

3　你知道哪些汉语中的数字语言？比如：521、1314 等。

4　你的母语中也有数字语言吗？请举例说明。

5　调查一下最近比较火的网络词语，并说明它们产生和流行的原因。

6　调查一下你周围的同学，看他们是否喜欢用网络词语，并说明原因。

二、3—4 人一组，完成表演

1　几个朋友一起去咖啡厅，边喝边聊天。

2　他们都是很时髦的人，所以都尽量用最多最新的流行语。

先小组讨论，然后给全班同学表演，比一比哪组同学是最时髦的同学。

三、全班讨论

内容：你觉得哪些流行语人们以后会继续使用，哪些会消失？为什么？

要求： 1　运用本课生词。

2　每个同学都要发言。

3　前一个发言的同学可以指定下一个发言的同学。

四、游戏

1　每个同学找一条流行语(可以是网络用语)，并弄明白这个流行语的意思，写在纸上。

2　学生分两组，一个同学举起他的流行语，让另外一组同学猜。

3　猜的最多的一组胜利。

五、交际活动

上中国的电子商务网站体会一次网络购物，一定要用汉语和卖家讲价，明天上课给同学们讲讲你的购物经历。

第二十四课　电影与生活

问：他喜欢看什么电影？（　　）

    A 喜剧片

    B 爱情片

    C 卡通片

生　词	
xǐ jù 喜 剧	comedy

会话

（一）几个网友在网上聊电影

A：我喜欢看爱情片，特别是日本、韩国的爱情片，每次都会哭，哭完了还会再看。

B：看电影就是为了娱乐、发泄，该哭就哭，该笑就笑，生活中该怎么过还怎么过。

生　词	
fā xiè 发 泄	vent
gōng fu 功 夫	Kung Fu

C：我今年七十岁了，可是我就喜欢看卡通片。一看到可爱的卡通人物，我就特别开心。我能从动画片中得到很多快乐，觉得年轻了好多。

B：我就爱看功夫片，特别喜欢看古装功夫片，这不但能让自己放松，还能学到功夫，万一遇到坏人，说不定还能用上。

📝 讨论

1. 你喜欢看什么类型的电影？为什么？

2. 你最不喜欢什么类型的电影？为什么？

3. 你最喜欢哪一部电影？为什么？

4. 你最喜欢哪位电影明星？为什么？

5. 你喜欢看中国的功夫片吗？你觉得中国的功夫片有什么特点？

（二）大学生参加电影节，他们在讨论不同国家电影的特点

A：美国电影打打闹闹。美国电影中的科幻片和**战争片场面宏大**，常常给人深刻的印象。

生 词		
zhàn zhēng 战 争		war
chǎng miàn 场 面		scene
hóng dà 宏 大		spectacular

B：印度电影蹦蹦跳跳。印度电影中有大量的歌舞，喜欢印度音乐舞蹈的人可以看一下。

C：法国电影吓你一跳。法国电影追求创新，年轻人很喜欢。

D：中国电影功夫搞笑。中国电影里最有名的就是功夫片，近几年喜剧电影也越来越多。

E：韩国电影青春学校。韩国有很多电影是关于青春、校园生活的，比较适合亚洲人口味。

讨论

1. 各个国家的电影有什么特点？
2. 你觉得中国电影有什么特点？
3. 你最喜欢哪个国家的电影？为什么？
4. 你最喜欢哪部中国电影？为什么？
5. 你们国家的电影有什么特点？

（三）大学宿舍里，几个同学在晚上一起看完了一部恐怖片

A：快把灯打开，吓死我了！现在我眼前总出现那个死去的女人，怎么办啊？今天晚上我可能又睡不着觉了。

B：我刚开始看恐怖片也很害怕，晚上睡觉做梦都会梦到恐怖片里的人物和情节，一个星期都忘不掉。可是现在看得多了，就没什么感觉了。

C：其实最恐怖的就是声音，早知道你这么害怕，我们刚才把声音关掉就好了。

D：我以前看完恐怖片以后，马上去做做运动，和别人说说话，看看报纸，累了以后很容易睡着。还有一个办法就是再看一部喜剧片，你要不要试一下？

📝 讨论

> 1. 你喜欢看恐怖片吗？为什么？
>
> 2. 你最喜欢哪部恐怖电影？内容是什么？
>
> 3. 你看完恐怖片的感受是什么？你害怕吗？
>
> 4. 看完恐怖片如果很害怕，你会做什么来消除恐惧？
>
> 5. 你觉得什么人不适合看恐怖片？

练习

一、根据自己的情况回答下面的问题

1 介绍一个你喜欢的电影故事，说说你为什么喜欢。

2 你觉得不同年龄的人分别适合看什么类型的电影？为什么？

3 你觉得不同性格的人分别适合看什么类型的电影？为什么？

4 你最喜欢的一部电影是什么？你觉得它体现了该国电影的什么特色或者价值观？

5 你觉得电影的主要作用是什么？

二、3—4 人一组，完成表演

1 每组同学挑选一个喜欢的电影类型，自己设计剧情来表演。

2 要求表现出这个电影类型的特点。

3 请尽量用上本课生词。

三、全班讨论

内容：各个国家电影的特点和这个国家人的性格有关系吗？有什么关系？

要求： 1 运用本课生词。

2 每个同学都要发言。

3 老师可以准备一个软球，让学生接球回答问题。

四、游戏

1　4—5 人一组。

2　老师准备一部著名电影的名称，不告诉任何人。

3　每组同学最多只允许向老师提出五个问题，例如："是喜剧片吗？""是中国电影吗？"等，老师只回答是或不是。

4　以最少的问题猜出电影名的小组获胜。

五、交际活动

回家看一部中国电影，下节课在课上向同学们介绍这部影片。

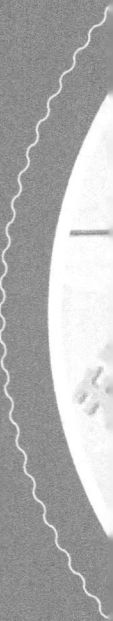

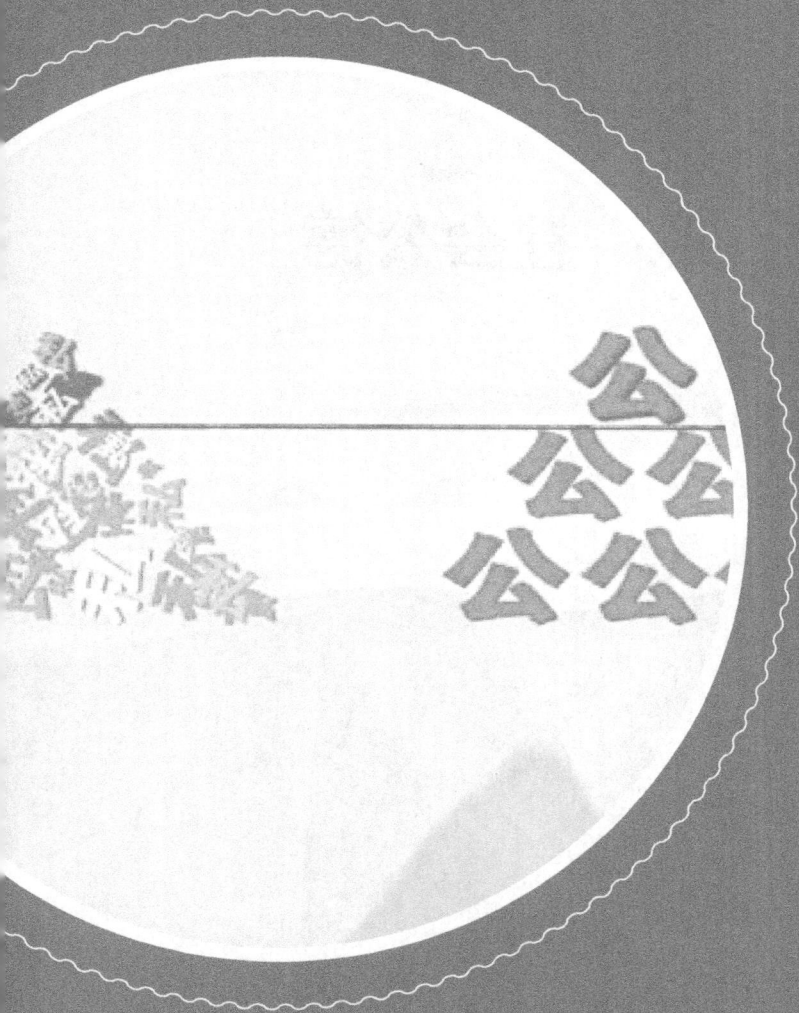

Unit 7

第七单元
德行

第二十五课　社会公德

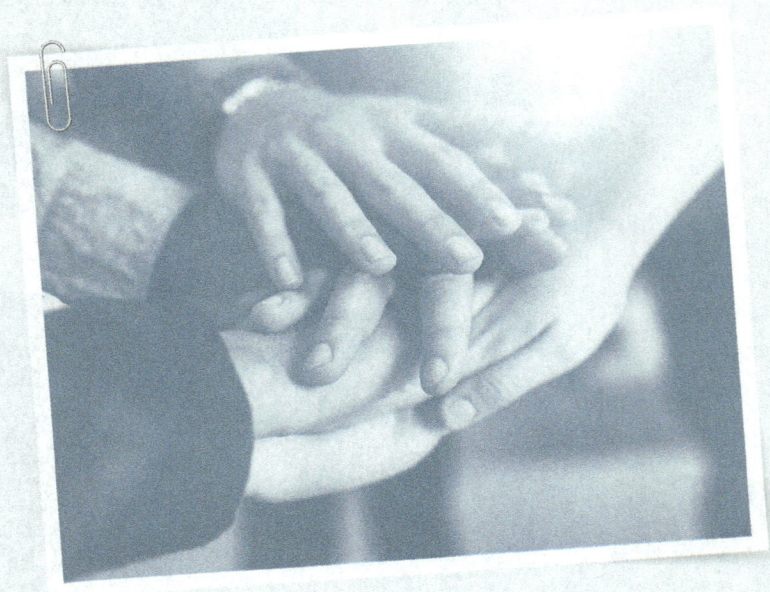

问：孕妇为什么拍照？（　　）

    A　因为她怀孕了

    B　因为有人插队

    C　因为她肚子疼

生　词	
yùn fù 孕 妇	pregnant woman
chā duì 插 队	cut in line

会话

（一）看了这个新闻后，很多网友在网上评论

A：孕妇完全是出于正义感，同时也是为了保护自己，都是那个插队女子不好，只罚款1000元是不是太轻了？

生　词	
chē dào 车 道	lane

B：我同意你的看法，可是孕妇在没有得到对方同意的情况下，用手机拍照，也有过错。

C：有些人在跟陌生人打交道时常常很没有礼貌，比如上公共厕所时经常有人插队，坐公共汽车时不懂得先下后上。

D：开车时表现得更明显，许多人开车时只要有机会就会迅速变换车道。这样做不但会让路上所有车的车速变慢，而且非常不安全。

讨论

1. 你遇到过别人插队的情况吗？对此你怎么看？

2. 如果你遇到别人插队的情况，你会怎么办？

3. 你觉得应该怎么解决插队问题？为什么？

（二）几个朋友见面

A：我刚才坐地铁时睡着了，醒来以后看见我旁边站着一个老奶奶。就在我准备让座的时候，发现周围有好多手机对着我，我真担心我的照片明天会被发到网上去。

B：乘坐公共交通时应该人人平等，是否让座应该由乘客自己决定。

C：我曾经给一名孕妇让过座，可是她连感谢的话都没说就坐下了。

B：我前几天坐公交车时，看到一个年轻女性因为没给一位老年人让座，被这个老年人打了。这个年轻女性说因为她自己的身体不好，所以没让座。

D：可是我也看见有些年轻人，身体很好就是不给老年人让座。这个问题应该怎么解决呢？

✍ 讨论

> 1. 你认为在地铁、公共汽车上让座是年轻人的义务吗？为什么？
>
> 2. 在你们国家，人们对让座的态度是怎样的？
>
> 3. 对于因为让不让座的问题而产生的矛盾，你认为政府相关部门应采取什么措施解决？为什么？

（三）马克的车在路上突然停住了

陌生人：你的车怎么了？需要帮助吗？

马克：我也不知道什么原因，车开不了了。

陌生人：我可以用我的车帮你把车拉走。

马克：真是太好了，我该怎么感谢你呢？这儿有点钱，请您收下。

陌生人：这不需要回报，但我要你给我一个承诺，当别人有困难的时候，你也要尽量帮助他人。

生 词	
huí bào 回 报	return
chéng nuò 承 诺	promise
xiǎo dǎo 小 岛	island
hóng shuǐ 洪 水	flood

马克：好的，我一定会做到。

（马克后来帮助过很多人，而且每次都会说陌生人的那句话。几年后，马克去一个小岛旅游，遇到了洪水，一位陌生的少年救了他。）

马克：太感谢你了！如果没有你，我连命都没有了。我该怎么报答你呢？

少年：这不需要回报，但我要你给我一个承诺……

1. 你曾经接受过陌生人的帮助吗？讲讲令你难忘的被帮助的经历吧！

2. 你曾经帮助过陌生人吗？请讲讲你帮助别人的经历。

3. 如果有陌生人向你寻求帮助，你会毫不犹豫地帮助他／她吗？为什么？

4. 政府怎样做才能让老百姓愿意互相帮助？

练习

一、根据自己的情况回答下面的问题

1 你认为人们最应该有的社会公德有哪些？

2 你见过哪些丧失社会公德的行为？你认为造成这些现象的原因是什么？

3 政府应采取哪些措施增强人们的社会公德心？

4 你认为社会公德缺失的原因有哪些？

5 你们国家的社会公德缺失问题有哪些表现？

二、3—4人一组，完成表演

1 设计一个正在排队买东西的场景。

2 一名同学扮演插队者；另一名同学扮演拍照者，给插队者拍照；其他同学扮演看客。每个人根据情况设计自己的台词。

3 请尽量使用课本上的生词。

4 先分小组练习，准备好以后给全班同学表演。

三、全班讨论

内容：国家应不应该设立法律或者法规，来约束人们的社会公共行为？

要求： 1 运用本课生词。

2 每个同学都要发言。

3 前一个发言的同学可以指定下一个发言的同学。

四、游戏

1　在黑板上贴 20 张生词卡片。

2　把全班同学分成两组，每组出一至两名代表，站在黑板旁边。

3　老师说出黑板上的某个词语，两名代表用手抢拍黑板上的这个词语，先正确地拍到的一组加 1 分，如果拍错，则减 1 分。该游戏可多次反复进行。

五、交际活动

社会调查：调查 5 个以上的中国人，询问他们对于插队或让座的态度，并进行记录，总结后介绍给同学们。

第二十六课　帮助与记录

问：关于小伙子，下面的说法哪个是对的？（　　）

　　A　自杀了

　　B　二十多岁

　　C　救人成功了

会话

（一）王先生救了落水儿童后，没有留下姓名就离开了，事后落水儿童家长终于找到了他，记者对他进行了采访

记者：王先生，您好！我听说那名儿童落水以后，有很多人都看见了，可是只有您下水救人，您能说说当时的想法吗？

王先生：我听到有人喊"救命"，跑过去看到有人落水，当时就想着要把人赶快救上来，没有想别的。

记者：您不担心自己也会有危险吗？

王先生：我经常游泳，而且也学过一点救人的知识，所以我有信心能把他救上来。

记者：救人后大家都在找您，特别是孩子家长想对您表示感谢，而您却悄悄离开了。

王先生：其实这件事真的很简单，看到有人落水了，有能力的人都应该去救人。

📝 讨论

> 1. 你自己或身边的人有过舍己救人的经历吗？请讲一讲。
>
> 2. 你认同舍己救人的行为吗？
>
> 3. 如果有人溺水，但你不会游泳，你会怎么办？

（二）新闻：马路上，一位老太太摔倒了，一个小伙子去搀扶

　　A：我当时在场，给110和120打了电话。

　　B：我听说一个小伙子把一位摔倒的老太太扶起来后送到了医院，可老太太却说是小伙子把她撞倒了。

　　C：是啊，我也听说小伙子最后赔偿了老太太四万多元医药费。

　　B：本来是好心，却得到了这个结果！

　　A：其实我很想去帮她一下。

　　C：以后可以先用手机拍照，再一起去扶她。

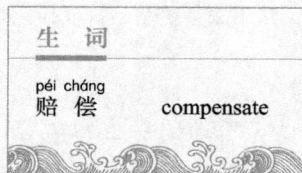

📝 讨论

　　1．你自己或身边的朋友有过帮助别人但是却被骗的经历吗？请讲一讲。

　　2．帮助陌生人的时候，你会有什么后顾之忧？请举例说说。

　　3．许多人想要帮助别人但有后顾之忧，你认为造成这种现象的原因是什么？

（三）朋友在讨论纪录片

　　A：你喜欢看纪录片吗？

　　B：非常喜欢！

　　A：你喜欢看哪个类型的纪录片？

　　B：我喜欢看美食类的纪录片。

　　A：《舌尖上的中国》你看过吗？

　　B：当然看过，看了这部纪录片，我不仅了解了中国各地的美食，还知道了很多美食背后的文化。

📝 讨论

　　1．你喜欢看纪录片吗？为什么？

　　2．给大家推荐一部你最喜欢的纪录片。

　　3．说说你为什么喜欢这部纪录片。

一、根据自己的情况回答下面的问题

1 帮助别人之后，你会接受答谢吗？为什么？

2 如果你需要陌生人的帮助，你应该怎样取得别人的信任？

3 如果你可以拍纪录片，你想记录什么？为什么？

4 你知道什么叫拍客吗？请举出一个例子。

5 你觉得人们应该做拍客吗？为什么？

二、3—4 人一组，完成表演

1 3—4 人一组，一人扮演摔倒在马路上的老人，其他人扮演过路人。

2 对于扶不扶、怎么扶，每个人发表自己的看法。

三、全班讨论

内容：当今社会，你认为应该如何促进人与人之间的互助？

要求：1 老师将需要学生使用的生词写在黑板上。

2 每个同学都要发言。

3 前一个发言的同学可以指定下一个发言的同学。

四、游戏：一个描述一个猜

1 两名同学到教室前面。

2 老师出示生词卡片，一名同学面对卡片，可以看到卡片上的内容；另一名同学背对卡片，不能看到卡片上的内容。

3 面对卡片的同学描述卡片上的内容，但不能说出卡片上的字；背对卡片的同学根据对面同学的描述，猜出卡片上的词语。

4 在规定的时间里，猜出词语最多的小组获胜。

五、交际活动

利用文字、图片、声音或视频的方式，用汉语记录一件助人为乐的事。

第二十七课　公众人物

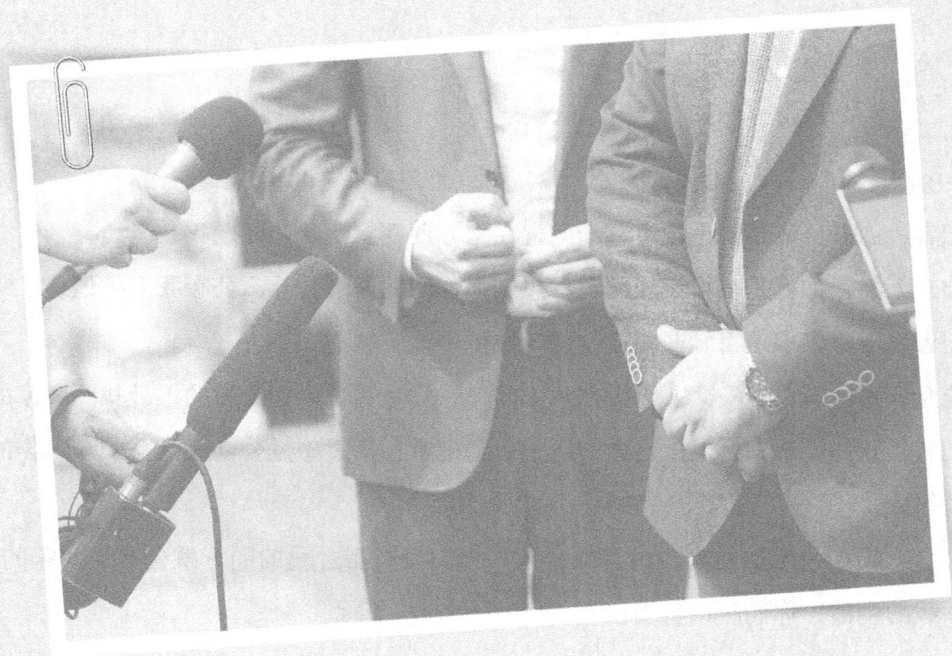

问：根据课文，做明星以后什么可能被公布出来？（　　　）

A 电子邮箱

B 工作

C 财产

会话

（一）记者在采访一位公众人物

记者：您好！我是晚报记者，请问现在您方便回答我几个问题吗？

公众人物：你就是晚报记者啊？我想知道你们的报纸为什么公布我家的地址？

记者：因为很多老百姓非常喜欢您，想更多地了解您。

公众人物：现在有一个人天天在我家门口，他是通过你们公布的地址找到我家的。

记者：我们没想到会发生这样的事情，真抱歉！不过您是公众人物，公众人物的隐私本来就很少。

公众人物：明星也是人，也有隐私权！你们没有经过我的同意就公布了我家的地址，影响了我的生活，你们应该负责！

讨论

1. 你自己或你朋友的隐私受到过侵害吗？请讲一讲。

2. 当隐私受到侵害时，你或你的朋友是如何处理的？

3. 你认为公众人物是否应该有自己的隐私？为什么？

4. 公众人物应该如何保护自己的隐私？

（二）一位明星因为酒后驾车被送进监狱，出来后记者采访他

记者：您现在对自己做过的事情后悔吗？

明星：我现在非常后悔，因为公众人物做这样的事情对年轻人会产生很坏的影响，我今后一定不再犯这样的错误。

记者：您觉得喝酒对工作有什么影响吗？

明星：我当时也是为了工作，找灵感，才喝酒的，但发生了这件触犯法律的事，我现在也无法再做台前的工作了。

记者：您现在有什么打算吗？

明星：我写了一封道歉信，过去的事情已经发生了，我只希望能把未来的事情做好。

生　词	
jiān yù 监 狱	jail, prison
líng gǎn 灵 感	inspiration

📝 讨论

---

1. 如果公众人物犯了错，社会舆论是否应该指责他 / 她？为什么？

2. 当你的偶像出现了负面新闻，被网友指责，你会怎么做？

3. 在你们国家，人们对于公众人物的要求高吗？

4. 你以后想做明星吗？为什么？

（三）几个朋友一起看电视，他们聊起了广告里的男明星

A：我听说他最近正在打官司，因为一个产品的广告里说话人的声音跟他很像，他认为自己被侵权了。

B：我也听说明星很注意保护自己的肖像权，模仿他们的照片、影视形象，都是侵权行为，没想到声音相同也是侵权。

C：现在很多人都喜欢追星，有人甚至去整容，把自己的脸整得跟明星一样，这也是侵权吧！

D：难怪现在出现了越来越多的"山寨"明星呢！如果一些产品找他们做广告、做代言人，这又算不算是侵权行为呢？

生　词	
guān si 官 司	case, lawsuit
qīn quán 侵 权	infringe, tort
xiāo xiàng quán 肖 像 权	portrait right
zhěng róng 整 容	cosmetic surgery
shān zhài 山 寨	copycat

讨论

> 1. 在你们国家，公众人物被侵权的情况常见吗？
>
> 2. 请讲一个你们国家的公众人物被侵权的例子。
>
> 3. 公众人物应该怎样维护自己的肖像权？

练习

一、根据自己的情况回答下面的问题

1 对于侵犯别人隐私的行为，你们国家有哪些法律条例？

2 我们是否应该用比平常人更高的标准要求公众人物？为什么？

3 公众人物应该怎样维护自己的形象？

4 你认为公众人物的权利跟普通人一样吗？

5 你想成为公众人物吗，为什么？

6 举例说明公众人物对社会有什么影响？

二、两人一组，完成表演

1 一人扮演记者，一人扮演一名刚刚离婚的公众人物。

2 记者采访公众人物，这位公众人物刚刚为地震捐款，采访过程中可能会涉及个人隐私。

3 围绕以上问题，完成对话。

三、全班讨论

内容：公众人物的权利是否应该受到特别保护？

要求： 1 运用本课生词。

2 每个同学都要发言。

3 老师准备一段音乐，击鼓传花回答问题。

四、游戏

1 老师在黑板上写出 5—10 个意义没有关联的词语。

2 学生分成两组，用上全部的词语说一段话。

3 比一比哪组说得更好。

五、交际活动

选择一位中国有名的公众人物，询问身边的人关于他 / 她的信息，并把这些信息记录、整理下来，为这位公众人物做一份个人档案。

第二十八课　幸福在哪里

听力

问：他觉得什么样的生活是幸福的？（　　）

　　A　春天一起郊游采摘

　　B　夏天一起到海边看日出日落

　　C　秋天一起去滑雪

会话

（一）一个<u>富人</u>和一个<u>智者</u>在谈论幸福是什么

A：幸福就是现在。

B：这怎么能叫幸福？幸福的人一定要有钱，现在很多女孩子说宁可坐在宝马车里哭，也不坐在自行车后面笑。我的幸福就是拥有<u>豪宅</u>、名车、美女！

（几个月以后，两个人又见面了。）

B：没想到一把大火烧光了我的财产，现在我的房子、车子、女人全没了。我现在很渴，可是我已经穷得连一瓶水都买不起了。

A：你现在认为什么是幸福？

B：幸福就是现在你手里的这碗水。

A：你终于明白幸福是什么啦！幸福就是现在。现在的幸福可能是口渴时的一杯清水，饥饿时的一块点心。

生　词	
zhì zhě 智者	wise man
háo zhái 豪宅	luxurious house

讨论

1. 你认为自己现在幸福吗？为什么？

2. 说一件过去发生的让你觉得幸福或者不幸的事情。

3. 你认为物质上的幸福和精神上的幸福哪个更重要？为什么？

（二）几个朋友在喝咖啡

A：幸福很简单，有朋友就够了！开心时有人陪我出去吃大餐，难过时有人安慰，<u>犹豫</u>时有人告诉我怎么选择。

B：对我来说有爱情就有幸福。只要和爱的人在一起做什么都幸福！

C：我觉得家庭是最大的幸福，我晚上常常加班，晚上回家时，远远地看见客厅窗户里有灯光，我就会觉得非常温暖。

D：我认为工作上的成功才是幸福。每当在工作上得到领导和同事的<u>认可</u>，我都会觉得特别满足，特别放松。

E：你们说的我都同意，可是人们常常说"健康是1，其他都是0"。如果没有好身体，什么都没有意义，所以对我来说健康是最大的幸福！

生 词	
yóu yù 犹 豫	hesitate
rèn kě 认 可	approval

📝 讨论

> 1. 你认为幸福是什么？不幸是什么？为什么？
> 2. 描述一个你认为非常幸福的场景。
> 3. 幸福很难吗？说说你的理解。

（三）有一对夫妻是<u>闪婚</u>，可是结婚以后常常吵架

丈夫：今天的菜有点咸了，下次能不能少放点盐？

妻子：我做的菜不好，那就别吃了。我每天上班要挣钱，下班要做饭、照顾孩子，忙得快要累死了，你又不帮我做家务！

丈夫：可是你公司的事情我不是常常帮你吗？

妻子：别提公司的事了，上次就是因为你记错了时间，生意失败了，公司<u>损失</u>了一大笔钱！

丈夫：你长得漂亮、学历高、能挣钱，什么都好，可是就是脾气不太好。

妻子：你呢？你除了性格好，什么都不好！我们离婚吧！

生 词	
shǎn hūn 闪 婚	flash marriage
sǔn shī 损 失	lose

讨论

> 1．你认为闪婚的夫妻会幸福吗？为什么？
>
> 2．你认为在婚姻中，什么样的妻子或者丈夫是好的？妻子最重要的素质是什么？丈夫呢？
>
> 3．你认为在婚姻中，夫妻双方怎样才能维持婚姻的幸福？为什么？

练习

一、根据自己的情况回答下面的问题

1 你想要怎样去追求自己的幸福？为什么？

2 你们国家有哪些关于幸福的故事或谚语，给大家讲一讲。

3 你们国家幸福指数高吗？

4 你认为自己幸福吗？为什么？

5 你认为应该怎样提高幸福感？为什么？

二、两人一组，完成表演

1 一人扮演妻子，一人扮演丈夫。

2 他们正在因为做家务的问题吵架。

3 按照以上要求，完成表演。

三、全班讨论

内容：政府可以采取哪些措施，增加人民的幸福感？

要求： 1 运用本课生词。

2 每个同学都要发言。

3 前一个发言的同学可以指定下一个发言的同学。

四、游戏

传话： 1 每组 4—5 人，排成一列。

2 老师准备一句话，悄悄说给每组第一个人。

3 这个人以悄悄话的形式传给下一个人。

4 最后一个人大声说出这句话。

5 正确的组获胜。

五、交际活动

社会调查：调查五个以上不同工作的人，完成下表。

姓名	年龄	职业	认为自己是否幸福？	认为最幸福的事是什么？

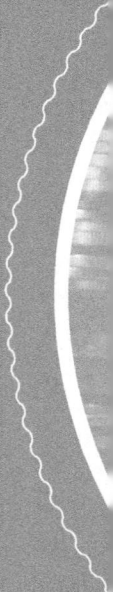

Unit

8

第八单元
经济与法律

第二十九课　经济危机的影响

问：这个日本人愿意让中国人去日本吗？（　　　）

　　A 愿意

　　B 不愿意

　　C 不知道

会话

（一）马丽是一个美国女孩，她来中国应聘

面试官：你好，请问你是哪个学校毕业的？你的专业是什么？

马丽：您好！我是波士顿大学毕业的，我的专业是教育学。

面试官：你以前有过什么工作经历？

马丽：我大学毕业后在一家药店工作，我每天的工作就是数药片。

生 词	
yìng pìn 应 聘	apply for（a job）
miàn shì guān 面 试 官	interviewer
yào piàn 药 片	tablet, pill

面试官：你为什么毕业后做这份工作呢？这好像和你的专业没什么关系。

马丽：美国现在经济危机很严重，很多大学毕业生都找不到工作。

面试官：你为什么来中国找工作呢？

马丽：我姐姐在中国，她是英语老师，她说在中国找工作更容易，机会很多。

面试官：好的，你的情况我们大概了解了。

✎ 讨论

1. 你为什么会选择到中国留学？

2. 经济危机会对你留学造成影响吗？为什么？

3. 毕业以后你想找什么样的工作？为什么？

4. 你觉得学习的专业和以后的工作是不是一定要有关系？为什么？

5. 如果你的亲人或者朋友想到中国来留学，你会支持他吗？

（二）大学宿舍里几个同学在讨论毕业后去哪国留学

A：我毕业后想去美国留学，因为现在美元贬值、人民币升值，去美国留学的费用降低了。

B：我听说英国有了新的政策，签证和生活费用都将减少，对我来说去英国留学更有吸引力。

C：澳大利亚扩大了奖学金发放范围，现在更多留学生能申请到奖学金，我想去澳大利亚留学。

D：我还是更喜欢日本，因为离中国比较近。而且日本吸引留学生的计划实际是为了吸引人才，我毕业以后打算去日本留学。

生 词	
biǎn zhí 贬 值	depreciate
shēng zhí 升 值	appreciate

讨论

1. 在你们国家，有很多人出国留学吗？为什么？

2. 你觉得哪些国家的留学政策好？哪些不太好？

3. 什么样的留学政策会吸引你？为什么？

4. 如果你的朋友想去留学，你会推荐哪些国家？说说原因。

（三）在日本飞往中国的飞机上，两个中国人在聊天

A：您去日本干什么？

B：我去旅游，还有购物。您呢？

A：我也一样，春节期间我的很多朋友都去日本旅游、购物。

B：我购物的商场里很多货品都卖光了。

A：我的一个朋友要装修房子，这次去花了不少钱，不过他说比在国内买便宜。

生 词	
miǎn shuì 免 税	tax-free, duty-free

B：是啊，现在日元贬值，日本的免税品又增加了好多，去日本买东西比在国内买便宜多了。

📝 讨论

> 1. 你会因为其他国家的东西更便宜而去购物吗？为什么？
>
> 2. 经济危机对你们国家有哪些影响？
>
> 3. 现在你们国家的旅游业怎么样？

练习

一、根据自己的情况回答下面的问题

1　你们国家现在的经济状况如何？毕业生的就业情况如何？

2　留学以后找工作会更容易吗？说说你的想法。

3　经济危机还给我们的生活造成了什么影响？举例说明。

4　经济危机的时候，我们应该如何让自己生活得更好？

5　你以后会不会贷款买房？为什么？

二、3—4 人一组，完成表演

1　一个同学想要去国外留学，其他同学纷纷给他出主意。

2　每个同学要说出推荐某个国家的理由。

3　表演时请尽量用上本课生词。

三、全班讨论

内容：经济危机对我们生活的影响。

要求：1　运用本课生词。

2　每个同学都要发言。

3　前一个发言的同学可以指定下一个发言的同学。

四、游戏：听写句子接力

1 老师将同学们分成两个小组进行比赛。

2 每一小组的同学按顺序到黑板前听写句子，写完不能更改。

3 每一个句子老师只读三遍，看哪一组写得又快又好。

五、交际活动

课下和中国朋友聊聊天，并上网找一些资料，了解经济危机是如何产生的。

第三十课　网络购物

听力

问：根据上面的课文，下面哪个不对？（　　　）

A 网上购物又便宜又方便

B 他很喜欢收快递的感觉

C 他只去商场里买东西

生 词

kuài dì
快 递　　express delivery

会话

（一）几个朋友说起了自己在网上购物

A：我非常喜欢在网上买东西，现在几乎所有的东西都在网上买。

B：我在 IT 业工作，每天的工作就是上网，我可以看到很多网络购物的信息，我也经常在网上买东西。

C：我现在已经习惯了网络购物，因为我发现网络购物有很多好处，一是省时省力，坐在家里就能购买商品；二是多样选择，网上商城可以满足各种购物需求；三是优惠便利，享受更多折扣，购物更加经济实惠；四是售后完善，帮助解决购物后的任何问题。

生 词

zhé kòu
折 扣　　discount

D：现在用手机上网很方便，每天可以看到很多商品的广告，不过我是一个只看不买的人，在购物之前我一定要看到东西才能放心。

讨论

1. 你喜欢网上购物吗？为什么？

2. 平时你会用手机上网吗？你上网做什么？

3. 在你们国家，人们喜欢网购吗？

4. 你觉得网上购物有哪些优点？去商店购物有哪些优点？

156　　理解汉语——中高级听说

（二）小李在网上看到一款手机

小李：这款手机有货吗？几天能送到？

卖家：有货，一个星期就能到。

（一个星期以后）

小李：手机收到了，可是好像不是我要买的那个，您看看是不是发错了？

卖家：抱歉，是发错了，但是您的那款手机现在没有货，您先把手机寄回来，等到来货了以后，我们给您再寄一个。

小李：好的，但是运费怎么处理呢？

卖家：这个您不用担心，您的这款手机有运费险，来回邮寄都不需要您再花钱了。

生 词		
yùn fèi 运 费		freight
yùn fèi xiǎn 运 费 险		freight insurance

（两个星期以后）

小李：我收到您邮寄过来的手机了，正是我想要的那一款，谢谢！

卖家：不客气，这都是我们应该做的。

📝 讨论

> 1．如果你在网上购物出现问题了，你会怎么办？
>
> 2．什么样的网上卖家会让你有好的印象？
>
> 3．你觉得哪些东西可以在网上买？为什么？
>
> 4．你觉得哪些东西可以在商场买？为什么？

（三）"双 11"快到了

A：你发现了吗？最近网络上好多东西都在打折。

B：是啊，"双 11"快到了，很多商品都在打折了。所以我在购物车里放了好多东西，等到"双 11"那天再买。

A："双 11"是什么？

B：就是 11 月 11 日，网络上购物的节日，大部分商品都会打折。

A：你觉得这种打折是真的吗？

B：是真的，我买的东西都比平时便宜，质量和服务都是一样的。

A：好的，那我也去买点。

讨论

> 1. 你每个月会花多少钱用来网上购物？
>
> 2. 你觉得什么样的人喜欢在网上购物？为什么？
>
> 3. 你觉得哪些东西不能在网上买？为什么？
>
> 4. 哪些东西不能在商场买？为什么？

练习

一、根据自己的情况回答下面的问题

1　哪些人特别适合网上购物？为什么？

2　你觉得网上购物容易上瘾吗？

3　你是如何在网上挑选商品的？说说原因。

4　说说你最近碰到过的最不愉快的一次网购。

5　你认为消费者有什么样的责任？为什么？

二、3—4 人一组，完成表演

1　每组中的一个同学想要买某样东西，但不知如何挑选，其他同学纷纷给他出主意。

2　每个同学要说出推荐的购物平台、挑选方法及理由。

3　表演时让同学们尽量用上本课生词。

三、全班讨论

内容：购物方式的变化。

要求：　1　运用本课生词。

　　　　2　每个同学都要发言。

　　　　3　老师可以准备一个软球，让学生接球回答问题。

四、游戏

1 老师给每个同学一张卡片，卡片上分别写着不同物品的名称。

2 每一个同学要为自己卡片上物品说一段广告词，直到其他同学愿意买他的东西。

3 如果其他同学都不愿意买，该同学就需要重新想一段广告词。

五、交际活动

课下做一个小调查，看看周围的朋友更喜欢什么样的购物方式，上课的时候告诉其他同学你调查的结果。

1 您的性别：

A. 男	
B. 女	

2 您的年龄：

5～17 岁	
18～29 岁	
30～49 岁	
50 岁以上	

3 您的学历：

初中	
高中	
大学	
研究生及以上	

4 您觉得网购的优点是什么？

价格便宜	
商品种类齐全	
在家就可以买东西，很方便	
没有时间限制，24 小时开放	
其他	

5 如果网购，您一般会选择什么商品？

衣服、鞋	
化妆品	
书、光盘	
电子产品	
家用电器	
生活用品	
食品	
其它	

第三十一课　强者与弱者

问：说话人对乞丐的态度是什么？（　　　）

    A 应该帮助他们

    B 不应该帮助他们

    C 不知道

会话

（一）出租车司机在聊天

A：我听说有个司机在高速公路上开车撞死了一个行人，结果他要赔偿人家 20 万。

B：可是那个人在高速公路上行走，这本来就是违法的！

生 词	
shàng sù 上 诉	appeal

A：是这样，所以那个司机又去上诉了，结果法院最后判决他赔偿 10 万。

B：这也不公平，那个司机在高速公路上正常开车，他没有过错。

A：和司机相比，行人是弱者，所以法律会保护他们吧？

讨论

> 1. 你遇到过交通事故吗？你是如何处理的？
> 2. 在你们国家出现这种情况会如何判决？
> 3. 你觉得判决公平吗？为什么？
> 4. 法律应该保护弱者吗？说说你的想法。

（二）法庭上，原告律师和被告律师在辩论

A：我的当事人是一名出租车司机，被抢劫后开车追赶，只想抓住罪犯，没想到撞伤了罪犯，我认为我的当事人没有过错。

B：原告为了保护自己没有问题，可是原告却把被告撞成重伤，现在还在医院，有生命危险。原告这种行为是防卫过当行为，她应该赔偿被告医药费。

A：我认为原告的行为属于正当防卫，因此拒绝支付被告的医药费。

（朋友，如果你是法官，你会怎么判决呢？）

生 词	
yuán gào 原　告	plaintiff
bèi gào 被　告	defendant
biàn lùn 辩　论	debate, argue
dāng shì rén 当 事 人	litigant
fáng wèi guò dàng 防 卫 过 当	imperfect self-defense
zhèngdàng fáng wèi 正 当 防 卫	self-defense
pàn jué 判　决	verdict

讨论

1. 遇到抢劫时，你会怎么办？为什么？
2. 你觉得原告的行为属于防卫过当吗？为什么？
3. 你们国家的法律对这种情况是如何规定的？

（三）辩论：是不是应该保护弱者

正方：社会的发展就要"优胜劣汰"，如果总是保护弱者，就违反了这个规律。

反方：强者保护弱者，是人对人的关心，没有违反什么规律。

生 词	
guī lù 规　律	law, rule
gōng jī 攻　击	attack

正方：可是如果另外一对老人比你的父母更弱，同时需要帮助，你会帮助谁？

反方：马在遭到狮子的攻击时，会围成一个圈，强壮的马在外面，保护弱小的马。动物都知道保护弱者，何况人呢？

正方：如果你是一名市长，在你的城市里有两个公司，第一个有钱、技术好，第二个没钱、技术差，请问你会支持谁？

反方：可是弱者不一定永远是弱者，比尔·盖茨和戴尔都是从学校退学创业的，开始也不是强者，然而他们最终获得了巨大的成功！

讨论

> 1. 哪些人应该是被保护的弱者？为什么？
>
> 2. 哪些人应该是保护别人的强者？为什么？
>
> 3. 你认为保护弱者是社会的倒退吗？说说你的理由。
>
> 4. 强者应该如何保护弱者？为什么？

练习

一、根据自己的情况回答下面的问题

1 你觉得什么样的法律才是公正的？为什么？

2 我们应该如何保护弱者？为什么？

3 说说你身边的强者与弱者的故事。

二、3—4 人一组，完成表演

1 表演会话（一）。

2 表演时尽量不看课本，最好能够用自己的话说出来。

三、全班讨论

内容：谈谈社会上的不公平与强弱之分。

要求：　1 老师将需要学生使用的生词写在黑板上。

　　　　2 每个同学都要发言。

　　　　3 前一个发言的同学可以指定下一个发言的同学。

四、游戏：比比谁更强

1 教师用 PPT 展示出一组反义词：强—弱。

2 将学生分成几个小组，每个小组先讨论三分钟，然后各派代表到黑板前写出其他反义词，限时三分钟。

3 写出反义词最多的小组获胜。

五、交际活动

　　课下问问你的朋友更赞成"舍弱保强"还是"舍强保弱"。

第三十二课　环境保护与经济发展

问：这位顾客下次再去饭店吃饭会怎么样？（　　　）

　　A 用一次性筷子

　　B 用饭店的筷子

　　C 用自己的筷子

会话

（一）朋友刚买了一辆电动汽车

A：听说你的新车只充电，不加油，很省钱吧？

B：确实是省了油钱，但是充电时间很长，有急事的话要提前做好准备。

生　词	
jìn bù 进步	improve

A：我觉得电动车不用汽油，最大的好处是保护环境。

B：是啊，现在开电动汽车的人越来越多，空气质量也比前几年好多了。

A：现在科技进步这么快，充电的问题早晚也会解决。为了更多的蓝天，我也打算买一辆电动汽车。

📝 讨论

1. 在你们国家开电动汽车的人多吗？

2. 你以后会开汽油车还是电动车？为什么？

3. 你觉得为了提高空气质量还可以做些什么事情？

（二）几个邻居讨论垃圾分类

A：楼下这四种颜色的垃圾桶分别应该放哪类垃圾，你们清楚吗？

B：蓝色垃圾桶放可回收垃圾，包括塑料、玻璃、金属等，一般都是能再次利用的东西。

C：绿色垃圾桶放厨余垃圾，主要是剩菜剩饭、骨头、菜叶、果皮等，这些垃圾可以用来生产肥料。

D：红色垃圾桶放有害垃圾，主要包括对人体和环境有危害的废弃物等，比如电池、灯泡、过期药品什么的。

E：灰色垃圾桶放其他垃圾，比如废纸、纸巾、食品袋等。

生　词	
chú yú 厨　余	food waste
féi liào 肥　料	fertilizer

讨论

1. 你了解中国的垃圾分类方法吗？

2. 在你们国家垃圾怎样分类？

3. 你认为是否应该对垃圾进行分类？

（三）几个同事在办公室讨论保护环境的办法

A：现在每张纸我都双面打印，这相当于保护了森林。

B：我每天骑自行车上下班，既不担心油价上涨，也不担心体重增加。

生　词	
zǎn 攒	save

C：我出差时都是自己带牙刷和拖鞋，不使用宾馆里的一次性用品。

D：我们家经常清洗空调，不仅为了健康，也可以省不少电。

E：衣服攒够一桶再洗不是因为我懒，而是为了节省水电。

F：烘干真的很必要吗？还是让我们的衣服多晒晒太阳吧。

1. 你在家里有哪些保护环境的办法？
2. 你在学校有哪些保护环境的办法？
3. 你在旅游时有哪些保护环境的办法？

练习

一、根据自己的情况回答下面的问题

1 你认为汽油车和电动车各有什么优缺点？

2 你认为现在的垃圾分类方法是否合适？

3 你认为垃圾分类有什么好处？

4 在你们国家，人们有什么保护环境的好办法？

5 你觉得经济发展会不会破坏环境？

6 为了保护环境，是不是应该放慢经济发展的速度？请举例说明。

二、3—4 人一组，完成表演

1 每组学生自己分配人类和大自然（比如动物、植物、太阳、海洋、沙漠等）两类角色。

2 各组学生自己制作道具扮演人类和大自然。

3 学生自己设计情节，表演人与自然的关系。

4 尽量用到本课学到的生词。

三、全班讨论

内容：经济发展与保护环境哪个更重要？

要求： 1 运用本课生词。

2 每个同学都要发言。

3 老师准备一段音乐，击鼓传花回答问题。

4　最后观点相同的同学坐在一起，交流整理支持这一观点的理由。

　　5　两组观点不同的学生进行辩论。

四、游戏：垃圾分类

　　1　准备四种颜色的垃圾桶。

　　2　准备四种不同类型的垃圾。

　　3　让学生给垃圾分类。

　　4　让学生说出垃圾分类的结果。

五、交际活动

　　课下做一个小调查，问问周围的朋友有哪些保护环境的好办法，下次上课告诉其他同学你调查的结果。

汉语核心课程系列教材

北京师范大学"十四五"期间高等教育领域教材第二期建设重大项目

Understanding Chinese for
Intermediate-Advanced Learners:
Listening and Speaking

理解 汉语
——中高级听说 练习册

主　编　朱志平　刘兰民
编　者　杨　泉　汝淑媛
翻　译　汪珍珠

北京师范大学出版集团
BEIJING NORMAL UNIVERSITY PUBLISHING GROUP
北京师范大学出版社

第一单元

第一课　各国餐饮特色

听力

（一）

日本菜很清淡，泰国菜又酸又辣，但我更喜欢原汁原味的意大利菜。

1　问：他喜欢吃什么菜? （　　）

　　A 日本菜

　　B 泰国菜

　　C 意大利菜

2　问：泰国菜有什么特点? （　　）

　　A 清淡

　　B 又酸又辣

　　C 原汁原味

（二）

英国人最喜欢去的地方就是酒吧。英国人喝酒的时间只有三个：昨天、今天和明天。

俄罗斯天气太冷，人们需要喝伏特加，俄罗斯人的伏特加打开后，就再也盖不上了。

法国有世界上最好的葡萄酒，午饭和晚饭都要喝葡萄酒。吃肉时喝红葡萄酒，吃海鲜时喝白葡萄酒。

德国有世界上最大的啤酒节，在德国有各种各样的啤酒，有女人爱喝的白啤酒，有男人爱喝的黑啤酒，还有司机可以喝的啤酒。

生　词
1. 伏特加　fú tè jiā　vodka

1 问：英国人什么时候喝酒？（　　）

　A 昨天

　B 今天

　C 所有时间

2 问：俄罗斯人喜欢喝什么酒？（　　）

　A 伏特加

　B 红酒

　C 啤酒

3 问：法国人吃肉时喝什么酒？（　　）

　A 白葡萄酒

　B 红葡萄酒

　C 葡萄酒

4 问：在德国女人爱喝什么酒？（　　）

　A 啤酒

　B 白啤酒

　C 黑啤酒

第二课　饮食与健康

听力

（一）

中餐和西餐差不多，特别是意大利餐。有人说意大利面就是用鸡蛋做的面条；而<u>馅儿饼</u>和<u>披萨饼</u>的不同就是一个馅儿在里面，一个馅儿在外面。

> **生词**
>
> 1. 馅儿饼　xiànr bǐng
>   pasty，chinese meat pie
> 2. 比萨饼　bǐ sà bǐng　pizza

1 问：馅儿饼的馅儿在哪儿？（　）

 A 里面

 B 外面

 C 不知道

2 问：披萨饼的馅儿在哪？（　）

 A 里面

 B 外面

 C 不知道

（二）

中国说别人菜做得好，会说"好像饭店的菜"，而西方的食品广告说"就像家里做的一样"。

问：中国人怎么说别人菜做得好？（　）

 A 好像饭店的菜

 B 食品广告里的菜

 C 就像家里做的一样

第三课　各国饮食禁忌

听力

刚生完孩子的女人不能吃冰激凌，不能喝冰水，不能洗头，不能看电视。

问：刚生完孩子的女人不能干什么？（　　）

    A　听音乐

    B　吃冰激凌

    C　喝热水

第四课　请客与宴会

听力

我喜欢那种人不太多的聚会，找个小饭馆，三五个好友，喝几瓶啤酒，说说心里话，是世界上最幸福的事情了。

问：他在聚会上不做什么？（　　）

    A　说心里话

    B　喝白酒

    C　喝啤酒

第二单元

Unit

2

第五课　爱情

听力

结婚是人生的大事。现在的婚礼越来越特别，有空中婚礼，有水下婚礼，还有酒吧婚礼。

问：他没有说哪种婚礼?（　）

A 空中婚礼

B 水下婚礼

C 酒店婚礼

第六课　友谊

听力

你难过他快乐的人，是敌人；你快乐他也快乐的人，是朋友；你难过他也难过的人，就是那些应该放在心里的好朋友。

　　问：什么样的人应该放在心里？（　　）

　　　　A 你难过他快乐的

　　　　B 你快乐他也快乐的

　　　　C 你难过他也难过的

第七课　当父母老了

听力

　　我和儿子一家住在一起，儿子白天工作很忙，晚上回来还要照顾小孩，真正和我在一起的时间很少。我身体不太好，帮不上忙，所以就去了养老院。

　　问：下面哪个不是他去养老院的原因？（　　）

　　　　A 他和儿子一家住在一起

　　　　B 儿子很少和他在一起

　　　　C 他身体不太好

第八课　人与动物的感情

听力

　　我觉得狗比猫好，有人说"猫是奸臣，狗是忠臣"。不管主人怎么样，狗都会对自己的主人很忠诚；可是猫就不同了，不论谁给它吃的，它都会让他做自己的主人。

1 问：他更喜欢猫还是狗？（　）

   A　猫

   B　狗

   C　不知道

2 问：为什么？

生　词		
1. 奸臣	jiān chén	treacherous minister
2. 忠臣	zhōng chén	loyal minister
3. 忠诚	zhōng chéng	loyal

第三单元

第九课 人性与心理

听力

男：我很喜欢你，你可以做我女朋友吗？

女：你喜欢我什么？我改还不行吗？

问：女的同意了吗？（　　）

　　A 同意了

　　B 没同意

　　C 她没说

第十课　东西南北中国人

　　我听说北京男人是中国最浪漫的男人，受到各个地方女孩的欢迎。上海男人是中国最会做饭的男人。浙江男人是中国最会赚钱的男人。山东男人是中国最豪爽的男人，很多美女都愿意嫁给山东人。

1　问：北京男人的特点是什么？（　　）

A　最浪漫

B　最会赚钱

C　最怕老婆

2　问：哪里的男人最会做饭？（　　）

A　北京男人

B　上海男人

C　山东男人

第十一课　生活里的攀比现象

听力

　　我们公司是卖儿童用品的，以前的员工奖励都是发钱，可是这几年经济不好，今年只发了些儿童用品。我没有孩子，只好都送给同事了。我朋友公司的

生 词		
1. 奖励	jiǎng lì	awards

员工奖励有"奔驰""宝马"等豪车，我的公司什么时候会有啊！

问：他的公司今年发了什么奖励？（　　）

A 钱

B 奔驰车

C 儿童用品

第十二课　男主内，女主外

听力

　　我认识很多"女汉子"，她们吃苹果从来不削皮，洗了直接就吃；经常和男性朋友在一起吃饭，也会吃很多；性格也不够温柔，喜欢和男生做朋友，觉得女生很麻烦，跟男生更容易成为"哥们"。

问：下面哪个是"女汉子"的特点？（　　）

A 吃苹果时先削皮

B 和男性朋友一起吃饭时，吃得很少

C 喜欢和男生做朋友

第四单元

第十三课　礼仪风俗

听力

在我们国家过生日的前一天晚上，家里人会在你的房间放一张桌子，桌子上面有很多鲜花，还有生日蛋糕和朋友送来的礼物。第二天早晨，全家人来到你的房间，唱着生日歌叫你起床，给你过生日。

问：过生日时，桌子上没有什么？（　　）

A 鲜花

B 生日蛋糕

C 礼物

D 生日歌

第十四课　宴会与礼仪

听力

　　去参加宴会时，如果宴会还没有结束就要离开，一定要向主人说明原因。但是不需要和桌上的每个人告别，只要和身边的两三人打个招呼，然后离开就可以了。宴会结束时最好不要第一个离开，也不要最后一个离开。一旦跟主人告别要马上离开，不要长时间交谈。

　　问：宴会结束时最好什么时候离开？（　　）

　　　　A 第一个

　　　　B 不是第一个，也不是最后一个

　　　　C 最后一个

第十五课　送礼

听力

　　我会当面打开别人送的礼物，我觉得请客人吃饭、喝酒，或者到郊外去共度周末，都是非常好的礼物。

　　问：他觉得下面哪个不是非常好的礼物？（　　）

　　　　A 客人请我吃饭

　　　　B 喝酒

　　　　C 到郊外去共度周末

第十六课　入乡随俗

中国学生：请问你有水果刀吗？

留学生：我有。

中国学生：可以借给我用一下吗？

留学生：没问题，"给你一刀"。

问：留学生应该怎么说？（　　）

    A 给你一刀

    B 给你这把刀

    C 给你这根刀

第五单元

第十七课　挫折教育

听力

　　听说，现代的父母很少抱着或背着孩子。如果一个两三岁的小孩子摔倒了，他的父母不会马上把他拉起来，只是停下来，鼓励他们自己爬起来，继续往前走。小孩子在一起玩，常常摔破了皮、流出了血，疼得流眼泪。父母常常也只是看看，轻轻帮他们擦干眼泪，然后就让他们继续去玩。

　　问：下面哪个是现代父母的做法？（　　）

　　　　A　总是抱着或背着孩子

　　　　B　如果孩子摔倒了，马上拉起来

　　　　C　如果孩子摔倒了，鼓励他们自己爬起来

第十八课　学校家庭

听力

我的孩子如果在家,一天的安排大概是这样:早上 6 点半起床上"早课",读 1 个小时书,出去玩一会,再读 1 个半小时书。中午午休,下午 2 点去公园或者爬山,晚上再读一会书。如果天气好,可能还会带他出去郊游。

问:他的孩子几点去公园?(　　)

A 6:30

B 13:30

C 14:00

第十九课　高等教育

听力

现在的孩子要想找到好的工作,就要考上好的学校、接受好的教育,因此就要非常努力地学习。读好学校的学生可以找到好工作,读一般学校的学生只能找一般的工作,所以读书对一个人找工作来说极为重要,朋友,你同意吗?

问:根据课文,下面哪句话是错误的?(　　)

A 再过十几年,读好学校的学生可以找到好工作

B 再过十几年，读一般学校的学生只能找一般的工作

C 再过十几年，读好学校的学生只能找到一般的工作

第二十课　中外教育

听力

A：现在每个家庭都可以要三个孩子，我也考虑再要一个，可我总担心孩子不同意。

B：我有个同事也有这个想法，可是他 8 岁的女儿非常反对，为了不让爸爸妈妈再要一个孩子，她好几天不去上课，也不吃东西。

问：那个 8 岁的女儿反对什么？（　　）

A 父母再生一个孩子

B 上课

C 吃东西

第六单元

第二十一课　汉语的艺术

听力

这张剪纸的图案是花瓶里有一枝荷花,荷花的"荷"与"和"同音,花瓶的"瓶"与"平"同音,这两样东西在一起就是"和平"的意思。

问:这张剪纸上没有什么?(　　)

　　A 荷花

　　B 花瓶

　　C 和平

第二十二课　起名的学问

听力

我有个同事姓吴,叫"吴所谓",他爸爸叫"吴聊",叔叔叫"吴趣"。我想可能是他爷爷给他们起的，他们家一定很没意思。

问：我的同事叫什么？（　　）

A 吴所谓

B 吴聊

C 吴趣

第二十三课　网络"流行语"

听力

现在网络上有很多词语是新出现的，比如"城会玩"的意思就是城市里的人真会玩，也就是说你很会玩。

问："城会玩"是什么意思？（　　）

A 你不会玩

B 你很会玩

C 你不爱玩

第二十四课　电影与生活

听力

我的工作很忙，可是我一有时间就会把以前的一些<u>喜剧</u>片拿出来看看。虽然这些片子都看过好多遍了，但是每次看起来还是觉得非常好笑，看完了以后心里觉得特别舒服，压力也减少了好多。

问：他喜欢看什么电影？（　　）

    A 喜剧片

    B 爱情片

    C 卡通片

生　词
1. 喜剧　　xǐ jù　　comedy

第七单元

第二十五课　社会公德

听力

新闻：今天一个女子在排队交费时插队，一名孕妇用手机给她拍照，插队女子不小心碰到了孕妇的肚子，孕妇觉得肚子疼，被送到了医院。最后插队女子被罚款 1000 元。

问：孕妇为什么拍照？（　　）

　　A 因为她怀孕了

　　B 因为有人插队

　　C 因为她肚子疼

生　词		
1. 插队	chā duì	cut in line
2. 孕妇	yùn fù	pregnant woman

第二十六课　帮助与记录

听力

一名年轻女子今天早上落水，当时有一名二十多岁的小伙子下水救人，可是最后他却连自己也没有上来。

问：关于小伙子，下面的说法哪个是对的？（　　）

A　自杀了

B　二十多岁

C　救人成功了

第二十七课　公众人物

听力

人人都知道做明星可以挣很多钱，可是现在做明星也真不容易，你的电话、地址、爱人甚至财产都可能被公布出来，一点隐私都没有。不过虽然这样，也还是有很多年轻人做梦都想当明星。

问：根据课文，做明星以后什么可能被公布出来？（　　）

A　电子邮箱

B　工作

C　财产

第二十八课　幸福在哪里

　　两个人春天一起看路边的花朵，夏天一起到海边看日出日落，秋天一起郊游采摘，冬天一起去滑雪。这样的生活多么幸福啊！

　　问：他觉得什么样的生活是幸福的？（　　）

　　　A　春天一起郊游采摘

　　　B　夏天一起到海边看日出日落

　　　C　秋天一起去滑雪

第八单元

Unit

8

第二十九课　经济危机的影响

听力

A：现在去日本的签证最多延长到五年了，五年内可以多次往返，比以前更加方便。可是这么多中国人去日本，也不知道日本人会不会觉得讨厌。

B：这个问题我问过一个日本人，他说如果没有中国人，日本的旅游业早就不行了。

问：这个日本人愿意让中国人去日本吗？（　　）

　　A　愿意

　　B　不愿意

　　C　不知道

第三十课　网络购物

听力

　　我觉得在网上购物又便宜又方便，特别有乐趣，我很喜欢收快递的感觉。只要是能在网上买到的东西，我就不会去商场里买。

生　词

1. 快递　　kuài dì　　express delivery

　　问：根据上面的课文，下面哪个不对？（　　）

　　　　A　网上购物又便宜又方便

　　　　B　他很喜欢收快递的感觉

　　　　C　他只去商场里买东西

第三十一课　强者与弱者

听力

　　街上有些乞丐，你总是给他吃的和穿的，他可能就会天天来乞讨，而不会想用自己的双手去劳动。

　　问：说话人对乞丐的态度是什么？（　　）

　　　　A　应该帮助他们

　　　　B　不应该帮助他们

　　　　C　不知道

第三十二课　环境保护与经济发展

听力

顾客：服务员，请问有没有一次性筷子？

服务员：不好意思，先生，我们这里不提供一次性筷子。

顾客：为什么不提供？我可以付钱。

服务员：抱歉，先生，不是钱的问题，我们是为了保护环境。

顾客：那好吧，下次我自己带筷子。

问：这位顾客下次再去饭店吃饭会怎么样？（　　）

　　A　用一次性筷子

　　B　用饭店的筷子

　　C　用自己的筷子